功勋科学家
黄旭华
的故事

此生属于祖国

徐鲁 —— 著

长江出版传媒
长江少年儿童出版社

"共和国勋章"获得者黄旭华

目录

001　序曲　致少年的你

009　一　父亲的义举
017　二　殷殷慈母心
023　三　番薯地里的童年
031　四　破碎的小船
039　五　光阴似流水
045　六　壮哉我少年
055　七　新的名字
063　八　国破山河在
071　九　嘉陵江边
079　十　造船的梦想

089　十一　青春之歌
097　十二　风雨洗礼
107　十三　向着光明奔去
117　十四　祖国在召唤
125　十五　温馨的家
133　十六　"失踪"的人
145　十七　搁浅的大船
155　十八　重启征程
163　十九　乘风破浪
169　二十　葫芦岛上

181	二十一	第一艘核潜艇
191	二十二	英雄交响曲
199	二十三	深深的海洋
207	二十四	迎着惊涛骇浪
219	二十五	老船长的沉思
227	二十六	骑鲸蹈海

235　尾声　此生属于祖国

序曲

致少年的你

清晨,年少的黄旭华喜欢坐在岩石上,一个人面对着蓝色的大海,看那些大船和小船扬着白帆驶向远方。

他梦想着,将来有一天,自己能成为一名骄傲的船长,胸前挂着望远镜,站在高高的船头,指引大船行进的方向……

有一天,他找来一些木板和旧渔网,"制造"出一艘小船,还在船底开了个洞,放进一些木炭。木炭点燃后,小船像蒸汽船一样冒起了青烟……当然啦,这样的船是不可能开动的。

那是战争年代,日本侵略者的飞机把他的小船和渔民们的渔船、房屋,都炸成了碎片。爸爸给他擦去眼泪,安慰他:"孩子,不要哭,炸弹能炸碎小船和房屋,却永远炸不碎中国人的梦想……"

上小学的时候,日寇的飞机天天来轰炸,老师只好带着他们,躲进密密的甘蔗林,支起小黑板,继续上课。

在艰苦的少年时代,他学会了弹扬琴、拉小提琴、吹口琴,还学会了制作轮船和飞机模型。他常常想,要是这些轮船和飞机能变成真的,该有多好啊!

1945年,中国人民经过艰苦奋战,终于取得了抗日战争的胜利。虽然被战火驱赶着,四处漂泊,辗转求学,但他仍然以优异的成绩,考入国立交通大学(现上海交通大学)。

"从现在开始,我要把小时候被炸毁的船,重新制造出来!"

站在黄浦江边,望着远方的出海口,他和同学们一起暗暗发誓:

一定要为贫弱的祖国，造出最坚固的大船！

他们个个都像年轻的、勇敢的水手，每个人都扬起了梦想的风帆，渴望去大海远航。

在一张张图纸上，他无数次设计和描绘着心中的大船。

1956年，在新中国的天空下，两个相亲相爱的年轻人，幸福地走到了一起，新娘叫李世英。从此以后，李世英成为黄旭华一生的伴侣和战友。

一年后，他们的大女儿出生了。女儿的小名叫"海燕"，在爸爸心目中，海燕就是大海的女儿。海燕刚学走路时，爸爸就给她穿上了漂亮的海魂衫……

可是，从海燕出生后第二年开始，爸爸就经常离家，去往"远方"，一去就是大半年。爷爷、奶奶、伯伯、叔叔和姑姑们，还有外婆一家人，谁也不知道海燕的爸爸去了哪里。

也许，只有海燕的妈妈知道黄旭华去了哪里。

妈妈对海燕说，爸爸是"国家的人"，爸爸去哪儿了，这是国家的秘密。

迎春花、桃花、梨花开了，他没有回来；石榴花和荷花开了，他还是没有回来；金桂、银桂和丹桂开了，他仍然没有回来；下雪了，蜡梅和红梅都开了，他也没回来。他在哪儿呢？

一天又一天，一年又一年……海燕都上学念书了，可是，她每天见到的,仍然只是相片上的爸爸。

"妈妈,爸爸是不是'失踪'了?为什么这么久还不回家?"

妈妈说:"也许,你爸爸……已经变成了一头蓝鲸,游进深海里去了……"

"不,我不要爸爸变成蓝鲸,我要爸爸!爸爸,快回来吧……"海燕哭着摇动着妈妈。

妈妈紧紧地搂着女儿,在心里默默呼唤:"旭华,你一定要平安回来啊!"

在这以后的很多年里,黄旭华经常一出门就是好几个月。

后来,海燕最喜欢画的图画,就是爸爸变成了一头蓝鲸,和鱼群一起,在深深的海洋里畅游……

在黄旭华"失踪"的日子里,他的父亲去世了。老父亲一生最牵挂的人,就是旭华。可是直到临终,他也没能盼到儿子回来。

年迈的母亲,也天天想念自己的儿子,想得眼睛都快失明了!

可是，儿子还是没有回来……

没有回来……没有回来……没有回来……

直到有一天……

已经长大的海燕——她现在的名字叫燕妮，和妈妈、奶奶、叔叔婶婶们，从报纸上看到了一个喜讯……

1988年4月，新中国自行设计研制的第一代核潜艇，将在辽阔的南海下水，展开深潜试验……

这时候大家才明白，黄旭华为什么"失踪"了三十年！

原来，他是和许多科学家、工程师一起，去了一个秘密的地方，为我们的国家设计和研制核潜艇……

这是一项神圣的、绝密的"国家使命"——核潜艇工程。所有参与的人，都隐姓埋名，从家人身边"消失"了。

黄旭华，就是核潜艇工程的总设计师之一。

制造真正的核潜艇，可不像他小时候用木板和旧渔网"制造"小船那么容易！当时，中国科学家拥有的核潜艇资料，实在是太少了。

曾经，他们把偶尔得到的外国核潜艇玩具模型，拆了装，装了拆，反复琢磨，先是设计制造出了一艘25米长，可以在海水里航行的潜艇模型；后来，又设计制造了一艘与真的潜艇一样大小的木制潜艇模型，在海上进行各种试验……

光是核潜艇的外形,他就设计了无数个方案。

一沓沓图纸,像山岩一样堆积在他身边。是常规线型好,还是"鲸型"好?哦,不!也许是水滴线型更好!他想,最好的潜艇,一定是跑得快,声音又小,还不会轻易被敌方发现……经过无数次试验,中国第一艘核潜艇,最终采用了世界上最先进的水滴线型艇身的方案。

首次深潜试验,黄旭华做出了一个惊人的决定:他要和自己设计的潜艇一起潜入海底,去完成极限深潜试验……

核潜艇带着勇敢的他和无畏的战友们一起,缓缓潜入深蓝色的大海……

下潜,下潜,再下潜……

这时候,他好像真的变成了一位骄傲的船长,正骑着一头巨大的蓝鲸,畅游在海底的童话世界里。

鱼群、珊瑚、海星和漂动的海草,都在为他舞蹈……

这一天,燕妮把杂志上登载的爸爸的故事,念给奶奶和妈妈听:

"……他是中国核潜艇工程的总设计师,中国第一艘攻击型核潜艇、第一艘弹道导弹核潜艇,都是在他手上诞生的!他也是世界上第一位乘坐自己研制的核潜艇去完成极限深潜试验的科学家……"

燕妮想象着,那艘巨大的核潜艇,应该像一头巨大的蓝鲸一样！黄旭华年迈的母亲,却无法想象自己的儿子现在变成什么样子了。燕妮只听见奶奶在喃喃自语:"唉,三十年了……旭华的选择是对的!有国才有家啊,国家强大了,才有我们家家户户的幸福平安!孩子,妈妈为你自豪啊!"

"啊,真是太伟大了!爸爸,我们为你骄傲!"

望着远方的天空,燕妮在心里默默地、深情地说道。

亲爱的少年朋友们,我们要讲述的这位科学家——中国第一代攻击型核潜艇和弹道导弹核潜艇的总设计师、中国工程院院士、"共和国勋章"获得者黄旭华的故事,该从哪里讲起呢?

哦,就从1924年,他出生的那年春天讲起吧……

父亲的义举

父亲的爱国义举、高尚节操,以及父母身上所体现出来的清白家风,就像细雨润物一样,默默影响着子女们的成长。

1924年前后,人类在科学技术领域取得了一些前所未有的成果。1922年,丹麦物理学家玻尔,因为在原子结构和辐射研究上的进展,获得当年的诺贝尔物理学奖;美国的营养学家埃文斯和毕晓普发现了一种"神秘物质",多年后被证实,这是人类健康所必需的一种营养物质——维生素E;1924年,德国飞艇制造先驱雨果·埃克纳指挥飞艇跨越了大西洋;另一位德国工程师安东·弗勒特纳制造出了一艘960吨的三桅纵帆船"布考"号。全世界的物理学领域开始进入一个群星璀璨、突飞猛进的时代,海森伯、约当等科学家,正向着量子力学的高峰攀登……

1924年2月24日(农历甲子年正月二十),在中国广东省海丰县田墘镇(今广东省汕尾市红海湾经济开发区田墘街道)上的一个"杏林之家"里,一个小男孩哇哇大哭着来到了人间。

谁也无法预见,这个小男孩长大后,将会成为一个怎样的人。行医乡里、治病救人的黄家父母,更不会想到,这个孩子在未来的日子里,将会成为一位隐姓埋名数十年的科学英雄和国家功臣,成为一位享誉世界的科学家和中国工程院院士,并作为中国第一代攻击型核潜艇和弹道导弹核潜艇总设计师,被人们尊称为"中国核潜艇之父"。

而此时,军阀混战带来的血雨腥风,正在中华大地上肆虐。年轻的中国共产党人,肩负着救国救民的大义和重任,同这个古老而饱受磨难的民族一道，在漫漫的长夜里跋涉着、摸索着，一步步向前迈进……

世界也在耐心地等待，等待中国南方小镇上这个小生命早日长大。

黄旭华的祖籍是广东省揭阳县（今揭阳市揭东区），到他祖父那一辈，居住在揭阳县玉湖镇一个名叫新寮村的古村落里的黄氏子嗣，已是第九代了。

黄家祖屋有个正式的堂名，叫"崇德堂"。黄家是家境殷实、崇德达理的书香人家。

黄旭华的祖父名叫黄华昌，是当地的一位"武秀才"，懂一些医道，所以，从黄旭华的祖父起，黄家就是一个悬壶济世的"杏林之家"。

黄华昌有三个儿子，黄旭华的父亲名叫黄树穀，是黄华昌的第二个儿子，1892年（清光绪十八年）出生在新寮村"崇德堂"老屋。黄华昌对这个儿子寄予了厚望，很小的时候就把他送进了学堂，同时把自己从医行善的家风传给了这个儿子。

因缘巧合，就在黄树穀进入中学念书、渐渐对医术产生兴趣的时候，当地一位很有名望的曾姓医师，把自己的女儿送进了一所女校学习，并且希望有朝一日"女承父业"。这位曾姓医师，就是黄旭华的外祖父。曾家的女儿曾慎其，就是黄旭华的母亲。

黄、曾两个"杏林之家"的联姻，称得上是门当户对；黄树穀和曾慎其两个人的婚配，称得上是天作之合。像那个时代里的许多年轻人的婚姻一样，黄树穀和曾慎其遵照父母之命、媒妁之言，两个人中学一毕业就成亲了。

1919年，这对小夫妻一起来到汕头，进入一所医院学习西医。黄树穀研修的是内科，曾慎其主攻的是妇产科。

1920年，这对年轻的夫妇在海丰县捷胜镇开办了自己的诊所，名为"黄育黎医务所"。"育黎"，是黄树穀的号。第二年，勤奋敬业的夫妇俩，又把医务所迁到了田墘镇上。除了小小的医务所，他们还增开了一间"育黎药房"。从此，黄树穀一家就算离开了揭阳新寮村的"崇德堂"祖屋，在海丰县田墘镇定居了下来。

黄树穀夫妇共生育了九个子女。除了大哥黄绍忠是在捷胜镇出生的，其余的孩子都是在田墘镇上出生的。夫妇俩相濡以沫，白头偕老，一辈子厮守在这个南方小镇上，成为小镇漫长的记忆和一代代口口相传的故事中的一部分。

今天，生活在这个小镇上的人们，讲起黄旭华的父母行医、济世和仁义的故事来，如数家珍，比对黄旭华的故事还要熟悉。

在黄树穀夫妇迁到田墘镇不久，有一年，小镇和周边地区发生了霍乱疫情。这是一种可怕的传染病。当时，地方的政府管理部门对此束手无策，小镇上人人谈"霍"色变，惶惶不可终日。黄树穀本着治病救人的初心，拿出平日里勤俭持家攒下的一点积蓄，从香港买回了预防和治疗霍乱的针剂与药物，免费给小镇上的人们注射和服用。他的这批药物成功阻止了霍乱在小镇上的肆虐，保全了小镇上老老少少的生命。

有一次，当地的汉奸给日本人出了一个主意：黄树穀医生是田墘镇上最有名望的人之一，应该让他出来担任镇子上"维持会长"的职务，帮日本人做事。

黄树穀是一位堂堂正正的中国人，身上流淌着的是爱国的热血，秉承的是清清白白、刚毅正直的家风。面对日本人的利诱，他没有丝毫犹豫，一口回绝。他的举动惹怒了一个日本军官。日本军官把指挥刀架在了黄树穀的脖子上，以他全家人的性命相胁迫，妄图让他就范。

这时候，黄树穀大义凛然、严词拒绝："你们就是杀了我，我也决不会当什么'维持会长'的！"

年幼的孩子们不敢哭出声，只能瑟缩在墙角，用愤怒的目光看着父亲被日本鬼子踢倒在地，遭受欺侮和屈辱。

正在僵持不下的时候，黄旭华的母亲急中生智，上楼拿了一沓钱，塞给了带路的汉奸和那个日本军官。汉奸和日本军官见黄树穀软硬不吃，嘀咕了一阵，终于放弃了，收起指挥刀，骂骂咧

咧地离开了。

田墘镇上有一座旧房子,曾是学堂的校舍。因为房子外墙漆成了红色,人们称它为"红楼"。这栋建筑是由小镇上一位曾经参加孙中山领导的同盟会的开明士绅——游克桢先生倡议建造的。1927年,海陆丰苏维埃政权建立后,田墘区的苏维埃政府就设在"红楼"。因此,这栋老房子也铭刻着田墘镇的"红色记忆",是一座真正的"红色建筑"。

1941年,当地有一支秘密的抗日武装组织,叫"抗日合作军",这支队伍的领导者经常聚集在"红楼"开会。9月的一个清晨,因为汉奸告密,一股日寇悄悄窜来,包围了"红楼"里的抗日官兵。这就是抗战时期震惊海丰地区的"红楼事件"。

"红楼事件"发生后,黄树穀和镇上的几位爱国人士蔡一阳、陈鑫祥等人一道,不顾个人安危,与日寇斗智斗勇,在敌人的眼皮子底下,想方设法秘密救治和转移出20多名伤员。随后,他又同乡亲们一起,清理和收殓了那些死难烈士的遗体,含泪安葬了他们。

黄树穀他们的这次义举,是海丰地区抗战中一个家喻户晓的故事。今天,在汕尾市红海湾抗日英烈陵园里的纪念碑上，还镶嵌着黄树榖等人的照片。他们的义举永远镌刻在海丰地区的"红色记忆"里。

父亲的爱国义举、高尚节操，以及父母身上所体现出来的清白家风，就像细雨润物一样，默默影响着子女们的成长。

殷殷慈母心

黄旭华的母亲，不仅具有中华传统女性相夫教子、勤俭持家、贤淑善良的美德，更有一种深明大义、济世扶弱、巾帼不让须眉的豁达胸怀。

再讲一讲黄旭华母亲的故事。

黄旭华的母亲曾慎其，是与揭阳县相邻的揭西县五经富人，从小就在当地的一所女子学校里念书，受过良好的新式教育。嫁给黄树榖后，她与丈夫一起进入医院学习医术，成了一名善良仁爱、医德高尚的助产士。

夫妻俩来到海丰县田墘镇开办诊所和药房后，贤淑好学的曾慎其又跟着丈夫不断学习其他医术，最终成了一名全科医生，和丈夫一起延续了黄、曾两家上辈人悬壶济世、治病救人的家风，赢得了田墘镇和周边乡亲们的尊敬和爱戴。

在今天的田墘镇上，人们在传颂黄旭华父亲黄树榖的义举时，同样也没有忘记黄旭华母亲曾慎其的医德和恩情。

以前在田墘镇上，一般小户人家的产妇生孩子，都只能请当地的"接生婆"。如果不幸遇到胎儿难产，不懂科学助产术的"接生婆"只能依靠迷信，祈求"送子娘娘"来"显身保佑"，常常发生母婴双亡的惨剧……自从有了"黄育黎医务所"，经过曾慎其仁爱和温情的双手迎接到人间的小生命，真是难计其数，小镇上的人们对黄家的诊所越来越信任和依赖。

黄旭华至今都还记得，不管天气多么恶劣，也不管多晚，只要一听见急促的敲门声，母亲总会麻利地抓起那个永远齐备的助产用品包，飞也似的奔出家门……

在黄旭华母亲的眼里,每一个呱呱坠地的小生命,都是上天送给人间的宝贝;每一个懵懂无知的小生命,都应该得到全心全意的迎接和万无一失的呵护。她从来不会计较接生费的多少。知道有的人家里生活艰难,一时拿不出费用,她毫不在意,只是笑着宽慰人家说:"母婴平安,比什么都好!等孩子长大了,叫我一声'义姆',就当是补上'接生费'啦!"

"义姆",也叫"义母",就是干娘的意思。田墘镇上,一代一代新生的孩子,长大后都怀着感恩的心,把黄旭华的母亲称为"义姆"。黄旭华的母亲,不仅具有中华传统女性相夫教子、勤俭持家、贤淑善良的美德,更有一种深明大义、济世扶弱、巾帼不让须眉的豁达胸怀。

在前文提到的"红楼事件"中,曾慎其和丈夫一样,同仇敌忾,以一种舍生取义的胆魄,全力支持黄树穀参与救治和转移抗日伤员的秘密工作。

田墘镇上,原本只有一所初级小学,学校的办学经费,主要依靠黄树穀、曾慎其夫妇的捐助。抗战结束后,小镇上的日子稍微太平了一点。1945年8月,黄树穀和夫人商量:能不能拿出一点积蓄,再邀请镇上的其他几位开明乡贤,大家凑一笔钱,在镇上创办一所中学,供本镇和周边的少年学子们上学念书。

曾慎其深知"少年强则国强,少年智则国智"的道理,二话没说,和丈夫一道，在田墘镇上捐资兴学。他们捐资兴办的这所学校叫白沙中学。黄树榖还专门去了一趟香港，聘请了懂教育的林悠如先生到白沙中学担任首位校长。因为捐资份额最大、对白沙中学的创办贡献最多，黄树榖、曾慎其夫妇被公认是白沙中学的创始人之一。

曾慎其和丈夫捐资办学、行医行善，遇到孤苦贫弱的人家，总是解囊相助、尽力周济，在田墘镇和四周乡邻间留下了好口碑。

抗战期间，为了躲避日寇的侵扰，黄旭华的父母带着一大家子，数次奔走躲避。在逃难路上，有的人家一听说这一大家子的女主人，就是田墘镇上的那位好心的"义姆"曾医生，便前去问候，有的还赶紧腾出自家的房间，让这一家人暂住避难。

在漫长艰辛又颠沛流离的岁月里，黄树榖、曾慎其夫妇在尽力帮助他人的同时，也把自己的九个孩子都抚育成人，并且想方设法让孩子们受到了良好的教育，成为对国家、对社会有贡献的有用之才。

黄旭华的大哥黄绍忠，参加工作后改名黄誉，抗战期间进入著名的西南联合大学，抗战胜利后从清华大学毕业，新中国成立后成为汽车制造工程师。从青年时代起，大哥就是一位追求光明和进步的爱国青年，多次参加爱国学生运动，对少年黄旭华影响很大。

二哥黄绍振，一直在帮助父母经营药店等生意，一生默默付出，支持和帮助三弟旭华和其他弟弟妹妹完成各自的学业。

大妹黄秀春，后来改名黄牧，大专毕业后，成为医疗卫生战线的一名党员干部；大弟黄绍富，中专毕业后，在卫生防疫战线上工作至退休；二妹黄秀阳，后改名黄秀园，中专毕业后，在一家医院工作至退休；二弟黄绍荣，后改名黄荣，大专毕业后参军入伍，曾在东北空军某部担任轰炸机领航员，转业后在湖北省侨务战线工作，是一位兢兢业业的党员干部；三弟黄绍赞，四弟黄绍美，是一对孪生兄弟，两人都是大专毕业、中共党员，在地方政府部门勤恳工作至退休。

母爱是人世间最神圣的感情，也是温暖和照亮孩子人生与精神世界最明亮的火焰。"谁言寸草心，报得三春晖。"黄旭华一提到母亲，总是忍不住泪水盈眶。

"如果说，从父亲身上，我感受到一种大义担当的勇毅与胆魄，一种正直与清白的家风，那么，母亲教会我的，就是坚韧与善良，是一种默默的、无私的奉献。"黄旭华回忆道。

父母对九个子女的成长默默付出了辛劳，也对孩子们寄寓着美好的期许。黄旭华回忆说，父母在给孩子们取名字时，都是经过深思熟虑的。"绍"是孩子们在家族里的辈分，而忠、振、强、富、荣、赞、美，分别代表着忠诚、振兴、强盛、富足、荣誉、礼赞、

美好,每个儿子的名字里,都蕴含着父母的家国情怀,也寄寓着对孩子们的殷殷期望。黄旭华排行第三,原名黄绍强,他的两个妹妹的名字"秀春"和"秀阳",则是希冀国家和百姓们的日子能够风调雨顺,像秀美的春光、明媚的太阳一样,煦暖和光明。

小时候黄旭华多次听到父亲和母亲一起聊天,父亲叹着气自责说:"唉,中华医学,博大精深,真是学无止境啊!可惜,人生短促,我们一生行医问药,对不少疑难杂症,还是束手无策。所谓'妙手回春',也只能是一厢情愿了!"父亲的遗憾之情,溢于言表。

受到父母治病救人的仁心感召和清正家风的影响,小时候的黄旭华也曾想,要跟着双亲好好学习医术,将来报考医科大学,成为像他们一样医德高尚的好医生,为病人解除痛苦,给更多的人送去健康和平安。

中国古话说:"仁者寿。"曾慎其老人活了 102 岁。老人出殡那天,送葬的队伍里,有不少人是她当年亲手迎接到世上的孩子,他们感念老人的恩德,纷纷赶来为这位"义姆"送行。

番薯地里的童年

番薯和花生,在春夏时节茂盛地生长,到秋天人们就会有所收获。番薯地和花生地里的小小少年,也像青翠的农作物一样,在阳光和风雨中,默默地、顽强地生长着……

初夏时节,小雨淅淅沥沥下个不停。每逢这样的天气,旭华总是喜欢戴上一顶斗笠,跟着二哥来到自家的番薯地里,一边摘一小筐青嫩的番薯叶,一边观察着番薯、花生等农作物的生长。

5月的番薯地一派青翠,番薯叶和长长的番薯藤正在疯长。一簇簇长势喜人的花生苗,也都在为开花结果而努力。

番薯,有的地方也叫甘薯、金薯、红苕。二哥告诉旭华:"番薯全身都是宝呢。你看,番薯叶可以当青菜吃,番薯藤可以做猪饲料,番薯根在泥土下长成了番薯,就是人们日常的食物。番薯晒干了,磨成粉,还能制作粉丝……"

"哦,难怪阿爸、阿妈每年都要在这块地上栽种番薯啊!"旭华似有所悟,"收获了番薯,我们全家人就不愁吃的啦!"

"弟弟说得对呀!可别小看这些番薯,这可是我们家每年的主要口粮啊!"

多年之后,黄旭华回忆:"从小我是吃着番薯长大的。"他的父母和二哥,每年都会在自家的一块薄地上种下番薯苗,秋后将收获下来的番薯,保存在地窖里,再加上一些别的口粮,就可以保证他们一家人吃上一个冬天。

旭华有着很强的好奇心和求知欲。他特意去学校图书馆里查阅,书上说番薯的原产地在南美洲等地。明代的时候,江南一些地区水患严重,粮食歉收,老百姓吃不饱饭,到处逃荒。当时,有一位朝廷官员名叫徐光启，他也是一位科学家，因为父亲去世，他正居住在上海家中为父亲服丧。有一天，他得知福建沿海地区种植的番薯，不仅生长能力强，产量也大，是充饥和救荒的好作物。于是，徐光启就从福建调来一些番薯秧苗，在上海一带种植，然后逐渐推广到整个江南地区。各地的老百姓都喜欢种植番薯，因为种番薯的成本低而收获颇丰，收获了番薯，人和牲畜就都有了口粮。民间对番薯还有"一亩数十石，胜种谷二十倍"的说法。

原来，科学知识和科学家的作用这么大呀！这是少年黄旭华第一次对科学家的作用有了真切的认识。

生活是艰辛的，要养活大大小小九个孩子，实在是不容易。面对家中或是嗷嗷待哺，或是正在长身体需要营养的孩子，父母养育过程中的艰辛可想而知。

黄旭华父母开的小小的医务所和药房，收入本来就不多，加上他们都乐善好施，对镇上的孤寡贫弱经常慷慨解囊，所以家里的日子其实并不宽裕。为了补贴家用，父母除了挂牌行医、经营药房，还让年龄稍大一点的老大和老二做帮手，兼做一点别的营生。每年自家薄地上产出的番薯和花生之类的作物，虽然收获有限，但总算可以贴补一点口粮。花生收获回来了也舍不得多吃，要在油坊榨成花生油，然后托付出海的船工，偷偷捎到香港卖掉，换回一点收入。

海丰县田墘镇一带濒临大海,离香港不算太远,在那个年代里,海丰人常常把当地的土特产和农产品运到香港去贩卖,这也是不少人家主要的经济来源。

黄旭华对花生的生长过程十分熟悉,长大后对绿油油的花生地总感到特别亲切。小时候他经常和哥哥们一起,帮着父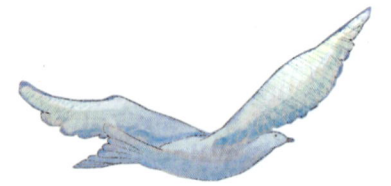母把花生收回家,等晒干后,再送去榨成香喷喷的花生油。油坊里的榨油阿伯,会把榨完油的花生渣做成花生饼。这种花生饼,人可以吃,但主要是当作牲畜的饲料或农作物的肥料。有时候,榨油阿伯会切一小块新鲜的、热乎乎的花生饼给旭华吃,然后笑眯眯地问道:"味道香不香呀?"

说实话,这种用榨油之后剩下的渣滓做成的花生饼,饿极了拿来充一下饥是可以的,但如果要当饭吃,或是当零食吃,那实在是太委屈孩子们了。毕竟,这是用作牲畜饲料、农作物肥料的东西啊!

因为经常去花生地里观察和劳动,去榨油作坊里看阿伯榨油,所以,旭华小时候对花生的生长过程和对番薯一样熟悉。上学后,他从课本上读到了现代文学家许地山(笔名:落华生)写的一篇文章《落花生》,对花生的好感就更加强烈了。许多年后,当他长大成人了，仍然能背诵出这篇小美文来：

我们家的后园有半亩空地。母亲说："让它荒着怪可惜的，你们那么爱吃花生，就开辟出来种花生吧。"我们姐弟几个都很高兴，买种，翻地，播种，浇水，没过几个月，居然收获了。

母亲说："今晚我们过一个收获节，请你们的父亲也来尝尝我们的新花生，好不好？"母亲把花生做成了好几样食品，还吩咐就在后园的茅亭里过这个节。

那晚上天色不大好。可父亲也来了，实在很难得。

父亲说："你们爱吃花生吗？"

我们争着答应："爱！"

"谁能把花生的好处说出来？"

姐姐说："花生的味儿美。"

哥哥说："花生可以榨油。"

我说："花生的价钱便宜，谁都可以买来吃，都喜欢吃。这就是它的好处。"

父亲说："花生的好处很多，有一样最可贵：它的果实埋在地里，不像桃子、石榴、苹果那样，把鲜红嫩绿的果实高高地挂在枝头上，使人一见就生爱慕之心。你们看它矮矮地长在地上，等到成熟了，也不能立刻分辨出来它有没有果实，

必须挖起来才知道。"

我们都说是，母亲也点点头。

父亲接下去说："所以你们要像花生，它虽然不好看，可是很有用。"

我说："那么，人要做有用的人，不要做只讲体面，而对别人没有好处的人。"

父亲说："对。这是我对你们的希望。"

我们谈到深夜才散。花生做的食品都吃完了，父亲的话却深深地印在我的心上。

黄旭华很喜欢这篇美文，因为它不仅真实准确地描述了花生的特点和价值，更借助花生的品性，传达出了做人要诚实、质朴、谦逊和甘于奉献的人生道理。

除了种番薯、花生，家里还有榨油作坊，后来还开了米铺。旭华的二哥长大后，看到家里实在太缺人手，就辍学回家，帮助父亲管理米铺和药房等生意。

在黄旭华兄弟、妹妹九人中，二哥是唯一一位早早放弃学业、回家帮助父母打理生意的人。正是有了二哥默默付出，帮着父母挣钱养家，旭华和弟弟妹妹们才能无忧无虑，继续上学念书。后来，黄旭华和弟弟妹妹们一想到二哥任劳任怨的付出，心里既感激又难过。

二哥去世的时候,正是黄旭华进行国家第一代核潜艇技术攻关的关键时刻,因为工作的特殊性,尤其是出于保密的考虑,他没能回家看亲爱的二哥最后一眼。这件事让黄旭华感到特别难受,心里留下了一份永久的伤痛,每次想起,黄旭华都忍不住潸然泪下。

黄旭华还清晰地记得,当他在番薯地和花生地里奔跑、撒欢,或者能干点力所能及的活儿的时候,总是二哥带着他,手把手地教他,告诉他许多农作物的知识。还有那篇《落花生》的课文,他也曾经和二哥一起比赛背诵过。

番薯和花生,在春夏时节茂盛地生长,到秋天人们就会有所收获。番薯地和花生地里的小小少年,也像青翠的农作物一样,在阳光和风雨中,默默地、顽强地生长着……

四 破碎的小船

有时候他就静静地坐在岩石上,一个人面对着平静的、朝霞映照的大海,看那些大船和小船扬着风帆,缓缓地驶向远方……

海丰县田墘镇,位于今天的广东省汕尾市南部,是红海湾经济开发区的一个街道。

田墘镇东边是碣石湾的白沙湖,这里的白沙湖,是全镇人的"母亲湖",也是一个优良的海水养殖场,出产虾、蟹、蚌、蚬、蛤蜊等。田墘镇人除了海水养殖、出海捕捞,还会利用白沙湖的高浓度海水晒盐。所以,田墘镇上有渔民、船工,也有盐工。

黄旭华小时候经常与兄弟和妹妹一起,到海边的沙滩上玩耍。他记得,爸爸到香港去打理生意时,如果去的日子太久,他就会来到海边,坐在白沙湖边的岩石上,等待爸爸归来。

渐渐地,旭华喜欢上了大海。有时候,趁着早潮刚刚退去,他会来到海滩上"赶小海",捡拾被潮水丢弃的一些小海货。

早晨,太阳升起时,会把整个海面、海滩和小镇的每一个屋顶映照得绯红一片。这么美的景象,让这个小小的少年感到惊讶和激动。有时候他就静静地坐在岩石上,一个人面对着平静的、朝霞映照的大海,看那些大船和小船扬着风帆,缓缓地驶向远方……

好多的日子里,旭华梦想着,将来有一天,自己也能成为一名骄傲的船长,胸前挂着望远镜,手上握着一只海柳烟斗,站在高高的船头,指引着大船行进的方向。

有一天,他突发奇想,找来一些木板和旧渔网,自己动手造出了一艘小船，还在船底挖了个洞，放进一些木炭。他想象着，只要把木炭点燃了，他的船也会像大海上的蒸汽船一样，冒起青烟，开动起来……

他把船底洞里的木炭点燃后，青烟倒是冒了起来，可是小船却纹丝不动。直到木炭全部烧完了，他也没有听到小船"突突突突"开动的声音。

造船的梦想算是失败了，他颇不甘心。这个聪颖又执着的少年，又做起了制造飞机的美梦。

他找来一些木板、纸板和橡皮筋，用给弟弟妹妹做竹蜻蜓的方法，竟然又鼓捣出了一架有模有样的玩具飞机。他让弟弟、妹妹们当观众，在自家那块收获之后变得空旷的番薯地里，开始了他的飞行试验……

"哇！真的飞起来了……"

"三哥好厉害！再飞一次嘛！"

他的玩具飞机，竟然真的在空中滑翔了一小段距离，比他以前叠的纸飞机、做的竹蜻蜓，飞得更高、更远！

有时候，兄妹几个还会一起到镇子上的妈祖庙、城隍庙和祖禧庙去赶庙会、看热闹。

田墘镇上有一项很有名的民间习俗——麒麟舞表演。每逢节庆、庙会的时候，小镇上就会有麒麟舞表演，给百姓们艰辛、寂

寞的日子带去欢笑和希望。

田墘麒麟舞一般会选择一块晒场，或是比较平坦宽敞的空地，作为表演场所。一个孔武有力的人，负责舞动麒麟头，另一个能够做到配合默契的人，负责牵动麒麟尾巴。只等大锣、大鼓和大唢呐一开始演奏，一身彩衣的麒麟，就开始跟着音乐兴奋地舞动起来。先是朝天空拜三下，接着又绕着场地，朝地上的东、南、西、北四个方向一边拜一边做出觅食的样子，表达对土地的感恩之意。慢慢地，随着锣鼓点的节奏加快，麒麟舞表演渐入佳境，进入高潮。兴高采烈的麒麟会在场地中间，不断地做出打滚、舔脚、洗须、咬尾等有趣滑稽的动作，引起全场一阵阵惊叹和欢呼⋯⋯

田墘麒麟舞表演还有一个特点：在一场麒麟舞演完后，一定还会伴随着一场舞枪弄棒的武术表演，包括拳术、耍棍、弄刀、舞尖串、双锏对串、辗藤牌等。别的武术表演项目，与其他地方大同小异，而辗藤牌是田墘独有的传统武术。辗藤牌，就是一人拿着虎叉，另一个人左手执藤牌护身、右手持刀，两个人你用虎叉戳藤牌，他用藤牌抵叉，拿藤牌的人还会就地翻滚，做出砍马足的样子⋯⋯

每个麒麟舞班子的表演项目，一般不会少于五项，叫作"搬五彩"。最后，舞麒麟头的师傅会再次舞起麒麟头，随着鸣炮声做出揖拜的样子，整个表演就结束了。

家乡的麒麟舞，给童年的黄旭华留下了深刻的印象。麒麟舞表演总是出现在妈祖庙祭拜和各种热闹的节庆、庙会上。麒麟舞队的阳刚与勇武之气，传说中妈祖善良、无私的高尚品德，还有小镇上的乡亲们在艰辛和苦难的年月里，百折不挠，自强不息，依然保持着乐观向上、热爱生活的品性……都在潜移默化地影响着旭华的成长。

家乡淳朴的传统文化，家乡面朝大海的地理位置锻造了黄旭华开放、包容和总是望向远方的积极心态，培养了黄旭华乐观、自信、敢于幻想和创造，也懂得包容和感恩的性格。

可那毕竟是艰辛的战争年代。当少年旭华亲手造出的梦想小船，冒出袅袅青烟时；当他亲手制造的玩具飞机，摇摇晃晃地滑翔在番薯地上空时，田墘镇的天空上，也时常飞来一架架真的飞机——那是日本侵略者的轰炸机！

日本人的飞机经常来骚扰和轰炸。他的小船，他的玩具飞机，还有他童年时代的欢乐时光，很快就和小镇渔民们的渔船、房屋一样，

被日本侵略者扔下的炸弹炸成了碎片……

但侵略者的炸弹，终究摧毁不了中国孩子对生活的热爱。在艰苦的年代里，小小年纪的黄旭华，还表现出了特别的音乐天赋。

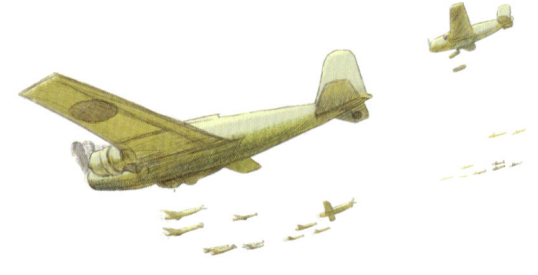

他的父亲喜欢音乐，家里有一架扬琴。父亲闲暇时会弹起扬琴，演奏给夫人和孩子们听。

父亲弹琴时，旭华总会用心观察和聆听。有时，他会悄悄揭开蒙着扬琴的罩布，照着父亲的样子，试着弹一弹。试的次数多了，他竟然也能弹得像模像样了。有一次，他试着把一首练习曲弹给父亲听。父亲听了大为惊讶，笑着对夫人说："我们家的这个三儿啊，没有他搞不懂的东西，念起书来也特别聪敏机灵，将来肯定会有大出息的！"

"三弟这么机灵，简直像是小山坡上的那对小狐狸'附身'！对不对呀？"二哥笑着打趣说。

"没错啊，我就是一只'音乐小狐狸'。"旭华得意地扬着下巴说。

原来，这中间有段小插曲。有一次，二哥去镇子附近的一个小山坡劳作时，意外发现了一对机灵的红毛小狐狸。可惜的是，

二哥没有带上旭华。回来后，二哥把自己的发现说给旭华听，让旭华羡慕不已。后来，二哥特意带旭华又到那小山坡上，去寻找那对小狐狸，却再也没有找到它们的踪影。好长一段时间，旭华一想起这件事来，就觉得十分可惜——失去了一次见识小狐狸的机会。

　　旭华真的像一只聪敏的"音乐小狐狸"。在童年时代，有了父亲的指点，加上自己的天赋、勤奋，他不仅学会了弹扬琴，还学会了拉小提琴、吹口琴。当然，制作小木船、玩具飞机、竹蜻蜓，他也非常擅长。这时候他常常想，要是这些船和飞机能变成真的，该多好啊！

五 光阴似流水

这是一张赵元任先生灌录的唱片,是用音乐的方式来教汉语拼音。小学生们一个个都屏气凝神,听得津津有味。

进入 20 世纪 30 年代，战争的阴云仍笼罩在全人类的头顶上，但在科学领域，人类还在艰难地向前迈进。1932 年，德国物理学家海森伯因创立了量子力学的矩阵理论而获得诺贝尔物理学奖；第二年，英国的狄拉克和奥地利的薛定谔，这两位物理学家因对原子理论的贡献而获得诺贝尔物理学奖……

与此同时，美国发明家爱迪生，英国著名医生和微生物学家、疟疾病原体的首位发现者罗斯，法国女科学家居里夫人……相继离开人世。这些伟大而杰出的科学巨星的陨落，无疑是人类科学领域无法弥补的巨大损失。

这个时候，在中国南方的沿海小镇上，未来的科学家黄旭华，刚刚踏上求学之路。

1931 年到 1934 年这段时光，黄旭华在田墘镇树基小学就读。从树基小学毕业之后，黄旭华和二哥来到离田墘镇稍远的汕尾继续念书。那里的作矶小学是一所高级小学。因为路途遥远，每天来去很不方便，小哥俩只好在这里住读。

作矶小学简直就是一所"迷你小学"，全校只有两个班、三位教员、20 多个学生。三位教员中，有一位名叫苏剑鸣的老师，给黄旭华留下了深刻的印象。

首先，这位苏老师的名字就很响亮。在中国古代著名的诗歌集《乐府诗集》里，有一首《柘枝引》："将军奉命即须行，塞外领强兵。闻道烽烟动,腰间宝剑匣中鸣。"意思是说,当有外敌入侵,报警的烽烟升起的时候,威武的将军就会奉命率领强大的军队奔赴战场;将军腰间的宝剑,也会在剑鞘里铮铮鸣响,好像也想跟主人一样,为国杀敌、建立功勋。"苏剑鸣"这个名字,显然就来自这个典故,包含着这样的寓意。知晓苏老师名字的寓意后,旭华真是佩服得不得了,几十年之后,他仍然觉得,小学时代的这位苏老师,对早期的他影响较大。

其次,当年的苏老师非常年轻。他一个人就给小学生们教授国语、自然、算术、英文、体育五门课,几乎天天和学生吃、住在一起,像一位大哥哥,和学生们亲密无间,关系十分融洽。

当时,汕尾一带的学生们说的都是潮汕的地方方言,大家都不会、也不愿意讲国语(即今天的普通话)。苏老师在教国语课的时候,想出了一个奇妙的主意。

"你们有谁知道,我们手上的国语课本是哪位先生编写的?"苏老师举着国语课本问大家。

黄旭华和同学们面面相觑,谁也答不出来。

"那么,我先请你们听一张唱片。"苏老师说着,打开他从宿舍抱来的自己常用的留声机,选了一张唱片播放起来。这是一张赵元任先生灌录的唱片,是用音乐的方式来教汉语拼音。小学生们一个个都屏气凝神,听得津津有味。

唱片放完了，苏老师笑着告诉大家："唱片里是大音乐家、语言学家赵元任先生的声音，现在请你们记住，我们手上的国语课本，就是这位赵先生编写的。你们想不想自己也像赵先生一样，说一口字正腔圆的、好听的国语呢？"

"想呀，谁能不想呢！"小学生们异口同声地说道。于是，大家都很开心地跟着苏老师，跟着唱片，学习起国语来……

后来黄旭华感慨地说，生活在潮汕地区的人，潮汕口音一般都是"积习难改"，和外地人尤其是北方人交流起来，语言上总有隔阂，你讲得再多，人家也听不懂，等于是白讲。幸好，他在作矶小学念书时，跟着苏老师学会了普通话，虽然不是那么流畅和标准，但总算可以和北方人自如地交谈了。特别是后来他在大学念书，工作后又参加了核潜艇的研制工作，这期间要是不会讲普通话，只能说一口潮汕方言，在学习和工作中产生语言交流上的隔阂，将在所难免。仅此一点，他就很感谢自己小学时代遇上的这位苏老师。当然，黄旭华也曾自嘲说，他的普通话水平，几乎一直停留在作矶小学时的那个水平，没有多大的长进。

作矶小学的课程安排得丰富多彩，除了基础知识课程，还有体育、音乐、图画课。黄旭华还记得，在作矶小学里，苏老师和音乐课老师一起，给他们排练过一个小歌舞剧，名字叫《小小画家》。《小小画家》用童话故事的形式，借助小动物们学画画，讽刺了陈旧、呆板的教育制度，表达了应该发挥和解放孩子的个性、培养孩子不同的兴趣和才能的主张。旭华和二哥都参加了《小小画家》的表演。他们在学校里表演了多场，受到老师和小伙伴们的称赞。

小学时代登台表演的快乐美好的经历，一直润泽着黄旭华对音乐、艺术的热爱和信心。后来他在大学期间，成为校园艺术社团里的积极分子，大约也跟作矶小学的这段经历有关。

在作矶小学里，苏老师还教学生们唱过一首好听的《夕歌》。"夕歌"，顾名思义，就是夕阳西下的放学时刻，学生们在回家路上唱的歌。它的词作者是音乐家李叔同先生，即后来的弘一法师。旭华和二哥都很喜欢这首歌：

> 光阴似流水，
> 不一会，课毕放学归。
> 我们仔细想一会，
> 今天功课明白未？
> 老师讲的话，
> 可曾有违背？
>
> 父母望儿归，
> 我们一路莫徘徊。

将来治国平天下,

全靠吾辈。

大家努力呀!

同学们,明天再会。

这是一首励志的歌,表达了学生们要好好学习、发奋努力、感恩父母、报效国家的美好心愿。

光阴似流水。1937年夏天,随着暑假的到来,黄旭华告别了自己的小学时代。

就在这个暑假里,震惊中外的"七七事变"爆发了。中华民族同仇敌忾、奋起抗争,掀起了全民族抗日救亡的巨浪……

六 壮哉我少年

他们用浅浅的碟子、小小的墨水瓶，添上一点珍贵的豆油或菜籽油，再放进一根用棉纱做的灯芯，就做成了一盏闪着橘黄色灯光的小油灯。几个少年拥挤着围在昏黄的灯光前，继续看书、做作业……

日寇对中国发动全面侵略战争，使无数的中国百姓失去了亲人、失去了家园，也让孩子们失去了老师和校园、失去了同窗伙伴、失去了求知的机会，多少美好的梦想，断送在侵略者的炮火里……

1937年暑假至1938年春节这半年时间里，因为战争爆发，人心惶惶，整个海丰一带的中学都没有开课。已经从作矶小学毕业的黄旭华和二哥也只好暂时辍学在家，帮父母干点力所能及的农活儿。

这时候，在汕头聿怀中学念书的大哥黄绍忠回家过暑假了。大哥已是一位思想进步的爱国少年，正和海丰一带的爱国青少年们一道，积极地投身在抗日救亡浪潮的宣传队伍中。

黄旭华看到大哥每天又是写标语、贴标语，又是参加抗日宣传队的歌咏和演出活动，忙得不亦乐乎，心里十分钦慕，就央求大哥参加活动时带上他。

大哥故意说道："这可不行，你还这么小……"

旭华说："还小吗？要是能够入学，我也是中学生了！再说啦，抗日不分男女，爱国无论老幼！"

"参加抗日宣传队，那是要冒风险的，你难道不怕吗？"

"大哥不怕，我为什么要害怕？"

"我们搞宣传，需要登台唱歌、演戏，你会吗？"

"怎么不会？不信你问一下二哥。"

二哥也帮着旭华："三弟演戏演得可好啦！他扮演的小猫，老师和同学们都说演得惟妙惟肖……"

大哥应允了。他每次出去参加抗日宣传队的活动，都把旭华带上。大哥不仅引导旭华汇入抗日救国的洪流，还时刻鼓励和呵护着旭华的进步。

许多年后，黄旭华回忆起跟着大哥参加抗日宣传队活动的这段经历时，对许多细节仍然记忆犹新。他说："我们上台演出的话剧叫《不堪回首望平津》，说的是老百姓逃难的事。我男扮女装，主演流亡的小姑娘。我们演得特别认真，台下看的人很多，也很动情。演着演着台上台下都越来越激动，抓到汉奸了，台下的观众含着泪水一起高喊'杀！杀！'时，我就想，长大了，我一定得为国家做点事情。"

抗日的巨浪，不仅在洗礼着少年黄旭华，也在锻炼和教育着黄旭华，在大声唤醒他那颗单纯、懵懂的少年心。

在这些日子里，大哥也不断地教给旭华一些"少年当自强"的道理，带着他一起诵读梁启超的《少年中国说》。这让旭华明白，每一个有志向的少年人身上，都肩负着救国强国、振兴中华的神圣责任。正如梁启超先生殷切期望的那样：

故今日之责任，不在他人，而全在我少年。少年智则国智，

少年富则国富；少年强则国强，少年独立则国独立；少年自由则国自由；少年进步则国进步；少年胜于欧洲，则国胜于欧洲；少年雄于地球，则国雄于地球。红日初升，其道大光。河出伏流，一泻汪洋。潜龙腾渊，鳞爪飞扬。乳虎啸谷，百兽震惶。鹰隼试翼，风尘吸张。奇花初胎，矞矞皇皇。干将发硎，有作其芒。天戴其苍，地履其黄。纵有千古，横有八荒。前途似海，来日方长。美哉，我少年中国，与天不老；壮哉我中国少年，与国无疆！

1938年春节过后，汕头的聿怀中学要开学了。正月初四，当很多人家还沉浸在年节的气氛里，旭华却背起母亲为他准备好的小小行囊，跟着大哥绍忠，踏上了前往聿怀中学的求学之路。

聿怀中学是汕头地区的一所名校，创办于1877年（清光绪三年），也是广东教育史上创办最早的新式学校之一。"聿怀"二字，出自《诗经·大雅》中的一首诗《大明》，"聿怀"，可以理解为笃信、笃念，也可引申为抱持坚定信念、养成开阔胸襟的意思。

作为聿怀中学的学子，在黄旭华和大哥黄绍忠的心中，都怀着一个笃定的信念：无论日子多么艰难，都不会放弃求知、向学。"少年智则国智""少年强则国强"，这些信念像顽强的种子一样，已在兄弟俩的心中生根发芽。

六 壮哉我少年

像当时国内的很多学校一样，黄旭华到聿怀中学求学的时候，这所学校正处在一个颠沛流离的时期。

为了躲避日寇飞机的轰炸和侵扰，聿怀中学的陈泽霖校长带领全校师生，把学校从汕头迁到了揭西山区的五经富，借用一所已经停办的简陋的山区学校的校舍，继续开课。

兄弟俩正月初四从家乡小镇出发，经过了海丰、陆丰、揭阳，跋山涉水，翻山越岭，徒步了整整四天，才到达五经富，找到了迁到山沟里的聿怀中学。

在这里，大哥读高中，旭华就读初中。两人安顿下来后，写信回家报了平安。不久，旭华的二哥黄绍振也长途跋涉，来到这里。这样，兄弟三人都在这所学校就读了。

那时，有一些人对时局持悲观态度，出现了一股失去民族自信心，甚至投靠日本的逆流。

但是，大批的有识之士明确指出，无论时局怎样动荡，无论生活怎样艰难，都要先保护和延续中华民族文化的血脉。具体到教育上，只要学生还能继续学习，只要学校还能继续开课，中国文化的血脉就存在，中国就不会亡！

在这样的时刻，教育家陶行知先生，率先创办了著名的战时学校——育才学校。当时，育才学校招收的学生，大多是抗战时期的难童、烈士遗孤和学校附近的农家子弟。陶行知亲任校长，给孩子们开设了文学、音乐、社会科学、自然科学等多门课程，还邀请了一些著名专家学者，如翦伯赞、郭沫若、田汉、姚雪垠等，来学校给孩子们上课或进行专题讲座。

不仅如此，老师和学生们还组成了抗日宣传队，宣传民主思想和抗日救国道理，鼓励民众起来抗日，坚定他们抗战必胜的信念。育才学校的美名，传遍了烽火连天的全国各地，给众多处在战争阴影笼罩下的学校师生带去了信心，使他们觉得，只要少年们能够自强不息，中国就不会亡！

著名历史学家许倬云先生，当时正处于读书年龄，他曾这样回忆："当学校的队伍列队走过家门口时，每一个年轻的孩子，身穿制服，就像行军的军人一样，背一个背包和口粮，两双草鞋，列队行进。祖母看见二哥在队伍之中，实在舍不得，哭着要我的母亲将二哥从队伍中撤出来。母亲答道：'我们的孩子，能留一个，就是一个。国家快亡了，这些留下的种子，也许可以为我们再造中国，扳回自由和独立，不做日本人的奴隶。'"

这番情景，可以说是当时许多家庭的真实写照。

随着日寇的入侵，一些大学和中小学纷纷迁入相对安全的偏僻乡村,继续上课。每个省几乎都在外地设立了临时的"联合学校",沿途收纳逃难的青年学子。很多家庭甚至宁肯忍受亲人的离别之痛,也要让正处在求学年龄的孩子追随学校和老师,决不放弃任何求学的机会。这种做法,给处在危急关头的中国带来了希望。

在不断迁徙的路途上,只要能找到一块偏僻、安全的落脚点,哪怕在极其简陋的条件下,学校也会赶紧开课,维持正常的教学。聿怀中学就是这种状况。

临时学校设在一座山坡下,一栋简陋的二层小楼,再加上几间茅屋,就成了师生们的校舍。二层小楼给高中部上课用,几间茅屋供初中部使用。茅屋里潮湿、昏暗,还四处漏风,好在南方的冬天不是那么寒冷。到了晚上,十几个人挤在一起,睡在铺着厚厚稻草的地铺上。这时候,所有的学生都像蓬头垢面的小难民。

生活和学习条件如此艰苦,倒也没有什么,此时校长、老师和学生们,过的都是一样艰苦的生活。在战争岁月里,谁也不会奢望更好的条件。大家心里想的是,只要还有老师讲课,只要大家还能坐在一起学习文化知识,就是值得珍惜的一件事。

糟糕的是,即使在偏僻的山村里,还是经常会有日本鬼子的飞机来侵扰,甚至扔下炸弹。

每当有敌机飞来,老师们会马上摘下小黑板,组织学生赶紧钻进附近一片长得密密匝匝的甘蔗林里。躲进了甘蔗林,老师就

重新支起小黑板,继续给大家上课。

离学校不远处,有一个废弃的山洞。师生们把那个山洞收拾了一番,便成了一个比较安全的防空洞。再有敌机飞来时,他们也会躲进这个山洞里,一边上课,一边听着外面飞机掠过时的轰鸣声和炸弹的爆炸声……

到了晚上,夜色笼罩着没有灯光的山冈和村野,四周一片寂静。就连星星和月亮,好像也不忍多看这些好学的孩子们,不时地躲进云层,暗自为这艰辛和苦难的世界感到难受。

看不见星星、看不见月亮的夜晚,少年们一双双明亮的黑眼睛,就是最美的星星,就是最明亮的月亮。他们用浅浅的碟子、小小的墨水瓶,添上一点珍贵的豆油或菜籽油,再放进一根用棉纱做的灯芯,就做成了一盏闪着橘黄色灯光的小油灯。几个少年拥挤着围在昏黄的灯光前,继续看书、做作业……

壮哉我少年!"艰难困苦,玉汝于成",就是在这样朝不保夕、风餐露宿的艰苦条件下,朝气蓬勃的少年黄旭华,和他们那一代同学一起,不坠青云之志,个个怀着乐观向上的心,发奋努力,期望着能学好知识本领,将来有一天报效祖国母亲,贡献自己的力量,让贫穷落后的祖国变得强大起来,不再受外国侵略者的欺侮和践踏……

七 新的名字

1940 年夏天,16 岁的黄旭华像一只离群的孤雁,独自踏上去广西的求学之路。艰难时世,风雨岁月,只需要一个严酷的夏天,就能让一个小小少年变得像成年人一样独立和成熟。

在战乱年月的风风雨雨和敌机的轰炸声中，聿怀中学的日子越来越艰难，教学难以正常开展。1939年春天，敌机的侵袭更加频繁，山沟里的安宁也不复存在。这一年的第一个学期刚过一小半，为了师生们的安全，学校只好宣布暂时解散，学生各自回家自修，等候学校的复课通知。

黄旭华和大哥想到，从揭西的五经富回到海丰县田墘镇，路途遥远，还要跋山涉水，极不安全，不如就近到陆丰一个同窗家暂住，等待学校通知。

在这之后，聿怀中学历尽艰难和曲折。先是迁到揭西山区偏远的古沟村，和早已躲在这里的韩山师范学校合并，暂由这所师范学校负责开课。1940年春天，局势稍微平稳了一些后，聿怀中学又搬回五经富那边的山村。这时候，无论是老师还是学生人数，都在减少，上课也时断时续。

但是，师生们的内心都非常坚定。"有我，中国不会亡！"这是大家共同的信念。在恶劣的环境里，在简陋的条件下，师生们依然有着"天下兴亡，匹夫有责"的抱负和气概。只要还有一点微弱的灯光在闪烁，少年们就一定会打开书本，继续学习。

黄旭华记得，在如此艰难的年月里，聿怀中学开设的课程，仍然比较齐全，语文、数学、物理、化学、英文，还有动物学、植物学……一样都不少。

再苦再难的日子，也不能没有欢笑，何况是一群风华正茂的少年人！上课之余，老师还带着学生们举办歌咏比赛、球类比赛，还举行话剧表演等。旭华记得，他和大哥在聿怀中学的课业成绩，在各自的班级里都是数一数二的。

旭华还是课外活动中的佼佼者。他在一次篮球比赛中获得过一枚奖章，上面是一个运动员的浮雕。这枚奖章他细心保存了很多年，后来作为一份珍贵的纪念品，捐给了母校聿怀中学。

1940年春天，在大哥黄绍忠身上发生了一件大事，对少年黄旭华的成长和人生观的形成，产生了较大的影响。

大哥一直是一个追求光明和进步的爱国少年。在聿怀中学，他是一个活跃分子，不仅学习成绩突出，还是学校里进步学生社团"狂呼社"的社长。仅从"狂呼社"这个名称，就不难想象这些青春少年爱国救亡的追求与渴望。

当时，学校里还有另一个进步学生社团，叫"叱咤社"，与"狂呼社"志同道合，声息呼应。有一阵子，"狂呼社"联合"叱咤社"，发起和组织了不少宣传抗日救国的活动，还排演了一出当时很有名的抗日街头剧《放下你的鞭子》。

学生社团如火如荼的抗日救国宣传活动，刺痛了主张消极抗日的地方政府的神经，引起了他们的不满。他们甚至向聿怀中学施压，要求学校限制学生的宣传活动，惩罚学生，开除社团的学

生领袖黄绍忠。

迫于当局的压力,也出于保护学生的考虑,校长亲自找黄绍忠谈话,委婉地提出,希望他主动离校,免于处分。在这种情况下,黄绍忠只好忍痛离开了聿怀中学。经过一番计划,黄绍忠决定经梅县去往广西。那里暂时还属于"大后方",从北方和江南一带迁去的中学和大学也比较多,他想去报考当地著名的桂林中学。

大哥把自己的想法告诉了三弟旭华,还叮嘱旭华说:"聿怀中学已经越来越难以保障正常的课业学习了,等我安顿下来,如果情况较好,你随后也可以到广西来,进入桂林中学读高中。"

大哥的抗日爱国热情,以及敢于追求光明、追求进步的昂然姿态,让少年旭华心生敬佩和向往。他想:如果自己也能像大哥这样,坚定、勇敢地去追寻自己心中的光明和理想,这不就是"少年当自强"最好的体现吗?

就在大哥黄绍忠离开聿怀中学、去往广西几个月后,黄旭华也毅然离开了已经难以正常开课的聿怀中学,响应大哥的召唤,大胆地迈开奔向远方的脚步……

为了表示自己义无反顾、勇往直前的决心,他还把原本的名字"黄绍强",留给二哥作为"备用"——如果二哥想继续念书,就可以用"黄绍强"这个在聿怀中学注册的名字就读,而他给自己起了一个全新的名字"旭华",寄寓着自己希望国家和民族旭日东升、光华灿烂的美好愿望。

从此,"黄旭华"这个名字伴随他,直到今天。

1940年夏天,16岁的黄旭华像一只离群的孤雁,独自踏上去广西的求学之路。艰难时世,风雨岁月,只需要一个严酷的夏天,就能让一个小小少年变得像成年人一样独立和成熟。

此去广西,虽然谈不上是"八千里路云和月",但其中的坎坷和一波三折,也让少年旭华再一次尝到了远离亲人、独自颠沛流离的滋味。

在战乱年月,通信很是不易,大哥具体在广西什么地方,旭华并不能确定。他原以为大哥在梅县,到了梅县才打听到,大哥已经离开梅县去了桂林。旭华一算,这个时候如果继续去桂林,等赶到那里,肯定已经错过桂林中学招生考试的时间。这可怎么办呢?他当机立断,自作主张,先留在梅县,投考当地的梅州中学,等读完一年,再想法转学到桂林中学。

然而,事与愿违。黄旭华去报考梅州中学时,已经晚了一步,错过了考试日期。他又打听到,当地还有东山中学,可是,东山中学也刚刚考完了。这时候,整个梅县只剩下一所广益中学还在招考日期内。旭华只好报考这所广益中学,并顺利地被录取了。

1940年秋天,开学季到了,这时,一个新的难题出现了:这所广益中学,办学条件比较简陋,不像聿怀中学能给学生提供宿

舍,每个学生只能自己在外面租房住。当时旭华身上仅有的一点路费和生活费,已经所剩无几了,哪来的钱租房呢?他的家乡小镇,此时已经沦陷,他和家人也失去了联系。这时候就算能写上一封家书,也寄不到亲人身边啊!他甚至连父母、二哥和弟弟妹妹们的安危状况都无从得知。一想到这些,他的心里就难受极了!

没过多久,黄旭华就身无分文,无法继续在广益中学待下去了。从小到大他一直在父母亲人的疼爱与庇护下生活,几乎没有尝过饥饿的滋味。而现在,有时一连三天,他都没能吃上一点食物,饿得浑身直冒冷汗,几乎虚脱了。幸好,有几个好心的同学慷慨解囊,给黄旭华提供了帮助,他才没有饿死,也没有露宿街头。过了几天,他竟然奇迹般地收到了家里的一笔汇款!

原来,和旭华失去联系后,他的父母和大哥十分焦急,托人四处打听和寻找,最后,总算得到了一点音信,知道他还在梅县,落脚在广益中学,就赶紧汇了一笔救急的生活费……

有了生活费,有了路费,黄旭华不想再待在梅县了,他决定立刻动身,到桂林去找大哥黄绍忠,然后参加桂林中学新学年的入学考试。

1941年6月,黄旭华和几个也想去报考桂林中学的同学一起,告别了广益中学,穿过经常遭受敌机轰炸的兴宁县城,一路颠簸着到了韶关。

在韶关，旭华得到了大哥绍忠的确切消息：大哥在桂林中学读完了高三，不久前已经考入中山大学。这时候中山大学已经迁到了粤北的乐昌坪石镇。

得到大哥的消息，旭华欣喜若狂，高兴得眼泪都流了出来！

他和同行的同学在韶关分了手，连夜奔向乐昌坪石镇，终于在那里和大哥相聚了。兄弟俩如同劫后重逢，紧紧地拥抱在一起，两个人的眼里都噙满欢欣的泪水。

大哥对旭华说了自己的真实想法：他的志向不在中山大学，而是想去重庆报考交通大学，科学救国。大哥希望旭华日后也能考入交通大学，学好本领，有朝一日，用科技的力量报效国家。黄旭华把大哥的教导牢牢地记在心里。几天后，大哥带着旭华离开了坪石镇，去往桂林。

1941年8月初，兄弟俩来到桂林。黄旭华正好赶上了桂林中学的入学考试，并且顺利地考取了这所著名的中学。大哥把旭华的事情安排妥当后，启程赶往重庆，朝着自己心中的科学梦想，追寻而去。

山路弯弯，水路茫茫……山一程，水一程……

1941年，当又一个秋天来临的时候，黄绍忠和黄旭华兄弟二人，各自踏上了寻梦和追梦的新征程。

八 国破山河在

茫茫雾都，人声鼎沸。兵荒马乱的年月里，逃难到这座山城的人真是太多了。此时，黄旭华还不敢想象，当明天的太阳升起时，阳光能不能冲散眼前这令他感到迷茫的大雾。

"国破山河在,城春草木深。"抗日战争全面爆发后,桂林成为"大后方",很多专家学者聚集在桂林,使这座原本是"山水甲天下"的南方名城,一时间又成了一座"文化名城"。

大量学者、名人的到来,给桂林创造了优良的办学条件,送来了强大的师资力量。1941年前后,仅仅一所桂林中学,先后就有文学家、画家丰子恺,科学家、教育家竺可桢,戏剧家、诗人田汉等许多文化名人,来给少年们演讲或授课。

桂林中学历史悠久。1905年(清光绪三十一年),清政府废除科举制度,开始在全国推行新式学堂。这一年,由广西巡抚倡议,创办了"桂林府中学堂"。这便是近代桂林中学的"雏形"。

1941年秋天黄旭华入学,学校按照文、理分科设班,黄旭华这一届的高中新生有两个班,他被编入高35班,是个理科班;另一个高36班是文科班。

黄旭华一直保存着在桂林中学念书时身穿标准校服的一张侧面半身照片。照片上的那身校服像是士兵的制服,衣服领子上还缀有领章。原来,当时的桂林中学对学生实行的是半军事化管理。学生全部住校,男生一律剃光头或平头,女生全部是齐耳短发。校服是蓝色军服,穿制服时还必须扎腰带、打绑腿、佩戴领章和胸章。学校对学生的管理非常严格,不准随便外出,外出时必须先请假,而且要穿戴整齐,风纪严明。

不仅日常生活管理是半军事化的，学生们还要经常进行军事化训练。每个学生宿舍里，都置放有一排枪架，学校还给每个学生配发一把木制的长枪。每天清早出操时，学生们要背着长枪"全副武装"，体验一种"战时状态"，同时还要掌握一些基本的战时防护技能。出操前，每个人还要像真正的军人一样，把自己的被子叠得整整齐齐，让被子与被子之间形成一条直线。

在桂林中学，黄旭华对祖国和百姓正在经受的苦难、对个人的前途与理想有了更加清晰的认识。他觉得，自己正在成长。他甚至还感到了一种压力，因为他感受到，他们这群少年身上，正肩负着时代赋予的使命。到这时他才真正明白"将来治国平天下，全靠吾辈"的含义。

从小黄旭华就有一种"学霸"式的勤奋与聪敏，虽然桂林中学课程设置较多，但他如鱼得水，总是能应付自如。学校规定，高中部的每门课，每学期要考四五次，这种方式可以确保更多的学生以最好的成绩，顺利进入大学阶段的学习。

事实证明，即使在这样的战乱岁月，桂林中学的教学也是十分扎实的。多年以后，包括黄旭华在内的这一批在抗战时期入学的学生中，竟然有四位同学成为"两院"院士。黄旭华的同届好友中，有一位强自强同学，后来考取浙江大学航空系，曾担任上海飞机制造厂副总工程师。1958年，以强自强为首的科研团队，

成功研制出新中国第一架水上飞机——飞龙1号。

这时候,风华正茂的黄旭华和他的同学们,并不能预料自己将来会取得多么令人惊叹的成就,但他们的心中有一个共同的志向,那就是:天下兴亡,匹夫有责!在学校组织的歌咏比赛中,黄旭华和同学们经常咏唱田汉作词、聂耳谱曲的那首《毕业歌》:

> 同学们,大家起来,
> 担负起天下的兴亡。
> 听吧,满耳是大众的嗟伤,
> 看吧,一年年国土的沦丧。
> 我们是要选择"战"还是"降"?
> 我们要做主人去拼死在疆场,
> 我们不愿做奴隶而青云直上。
> 我们今天是桃李芬芳,
> 明天是社会的栋梁。
> 我们今天是弦歌在一堂,
> 明天要掀起民族自救的巨浪!
> 巨浪,巨浪,不断地增涨!
> 同学们,同学们,快拿出力量,
> 担负起天下的兴亡!

这个时候，这首《毕业歌》的词作者田汉就在桂林。有一天，学校竟然把田汉先生请来跟同学们见面。黄旭华和同学看到海报上的消息，都兴高采烈地跑去聆听演讲。田汉不仅是一位热情澎湃的诗人，还是一位参与抗日救亡运动的革命者，他的演讲赢得了青年学生们热烈的掌声和发自内心的共鸣。

听完演讲，黄旭华内心非常激动，忍不住又拉着同学，找了个理由请假，悄悄走出校园。他对同学说："我带你们去一个光明的地方，呼吸一些新鲜空气。"

原来，桂林中学的对面，有一家著名的书店，这就是被许多年轻人和知识分子视为代表着民主、进步和光明的三联书店。书店里可以看到最新出版的进步作家的作品，还有宣传抗战、反对投降主义、鼓舞全民斗志的书刊。这是黄旭华进入桂林中学以来最喜欢去的地方。在这里，徜徉在这些新出版的知识读物和文学书刊中，黄旭华觉得就像在呼吸着新鲜的空气、接受着阳光的照耀、听从着真理的召唤。

"你们看那里——"黄旭华又悄悄指着远处的一栋房子说。他的目光中流露出深深的羡慕和向往。

原来，那栋房子是共产党领导的八路军驻桂林的办事处，就在桂林中学旁边。隔着书店的窗玻璃，黄旭华和同学们看到，几位八路军身穿整洁朴素的灰布军装，走进走出……

黄旭华明白，那里更是一个代表光明和进步的地方。但他也深知，作为桂林中学的学生，校方是禁止学生参加任何抗日宣传活动的。因为当时的地方政府和桂系军阀，对桂林中学严格控制，禁止学生传阅进步书刊，如有违反，可能还会遭到迫害。黄旭华就亲眼见过，同年级的高36班有一位同学，因为思想进步，在学校里突然"失踪"了。同学们心知肚明，他肯定是被逮捕了……

这样的事情，黄旭华耳闻目睹了几次，他不仅没有感到恐惧，反而对共产党领导全民族积极抗战、拯救处在危亡中的中华民族的主张和作为，心生敬佩，而对国民党消极抗战，腐败、独裁的种种表现，更是有了清醒的认识和判断。

在桂林中学，有两件事让黄旭华对国民政府产生了最直接的反感。第一件事，就是所有学生入学后，无一例外都被强制性地宣布为"三青团团员"，如不接受，就会被拒绝入校；另一件事，就是为了强化对学生精神上的管理，学校规定每个学生每天都要写日记，汇报自己的思想和行为。黄旭华觉得，这是一种变相的"奴化"管理，近乎一种"洗脑"。所以，虽然黄旭华对每一门学业课程都认真对待，但对这种强迫性的"写日记"，他总是想方设法敷衍完成。不仅是黄旭华，几乎所有的同学每天写的日记，都是空话、套话连篇。

1944年6月，黄旭华在桂林中学即将完成高中时期的学业，眼看毕业的日子临近了，这时，长沙战事失利，时局突变。

早在 1944 年 4 月，日寇出动大量兵力，发动了规模空前的"豫湘桂战役"。从 6 月至 8 月，长沙、衡阳相继失守，随后日军进攻广西，桂林告急。桂林城防司令部在慌乱中发布了疏散令，要求民众沿着铁路向西撤离。

几十万难民从长沙、衡阳、桂林等地，纷纷向贵阳、昆明、重庆方向逃亡。一路上，敌机的轰炸、饥饿、疾病、风雨劳顿……夺去了无数老弱病残的生命。这就是抗战时期伤亡惨重的"湘桂大撤退"。

在这种突发情况下，桂林中学没有办法给黄旭华这届毕业生安排毕业会考，只好仓促地给学生们发放了一份临时毕业证，证明他们已从学校毕业。

黄旭华和强自强、吴道生等同窗好友，一起离开桂林，经柳州、贵阳，一路辗转，走了近两个月的时间，总算到达了重庆。

茫茫雾都，人声鼎沸。兵荒马乱的年月里，逃难到这座山城的人真是太多了。此时，黄旭华还不敢想象，当明天的太阳升起时，阳光能不能冲散眼前这令他感到迷茫的大雾。他想，现在要做的第一件事，就是找到在重庆读大学的大哥黄绍忠。

九 嘉陵江边

浑黄的嘉陵江水从远处奔腾流过。山风吹来,松林里飘出一阵阵松香的气息。站在山坡上远眺,还可以看见缓缓驶过嘉陵江的帆影,隐约听见船工和纤夫们时而高亢、时而低沉的号子声……

嘉陵江是长江上游一条有名的支流，发源于苍茫的秦岭北麓。秦岭北麓在陕西境内有一道"嘉陵谷"，这是嘉陵江名称的由来。嘉陵江水曲曲折折，从陕西汉中穿越大巴山，流经四川广元，与这里的白龙江汇合，再往南流至四川南充到达重庆，然后注入滚滚的长江。

嘉陵江是一条承载一代代人悲愤与苦难的大江，也是运载着一代代人希望、信念和不屈意志的大江。在曾经漫长的岁月里，奔腾不息的嘉陵江上，日日响彻着纤夫们高亢、悲壮的号子声，仿佛在倾吐着嘉陵江两岸人民无尽的悲哀与苦难。嘉陵江不停歇地奔涌向前，像是要穿透那日夜浓雾密布的黑暗年代，与伟大的母亲河长江一起，聚集起万般力量，挽起沿岸的群山和林莽，冲出狭窄的夔门，奔向辽阔的海洋……

1944年8月底，黄旭华和几位同学千里跋涉、历尽艰辛，终于来到重庆。此时，一些迁徙到此地的大学的招考时间已过，这几个怀揣大学梦的少年，一时之间深感失望和迷茫。为了生活有所着落，几个同学只能互道珍重，分头投亲靠友，寻找各自的前程去了。

对黄旭华来说，当务之急是尽快找到自己的大哥黄绍忠。这时候的黄绍忠，已在重庆的交通大学就读，同时他也利用假期，在学校附近的炼油厂勤工俭学，挣一点生活费。因为交通大学理工科的管理过于严格，他不想再在交通大学读下去了，萌生了要去昆明的西南联合大学读政治学或经济学的想法。

兄弟俩在嘉陵江边重逢之后，大哥托人把旭华也介绍进了炼油厂，让他一边打工，一边等待下一年各大学的招生考试。黄绍忠把自己的想法告诉了黄旭华，然后义无反顾地赶往昆明，去西南联大追寻梦想。

后来，当黄旭华回忆起自己的求学经历时，叹笑着说，从念中学起，他就一直不停地"追寻"着大哥的脚步。大哥在梅县，他追到梅县；大哥去了桂林，他又追到了桂林；大哥又去了重庆，他好不容易追到重庆时，大哥又前往昆明……也许，这就是黄绍忠作为一位追求进步和光明的爱国学生的特别之处吧。在黄旭华兄弟、妹妹九人中，大哥是最早以实际行动参加革命的人，他用自己的所作所为，默默地影响着弟弟妹妹们。可以说，大哥是他们追求光明、进步和真理的一位"领路人"。

这个时候的重庆，被称为"大后方"，暂时还比较安全。国民政府的主要机构，来自沦陷区的一些公益机构和学校，都迁到了这里。此外，大量来自上海、江苏、浙江、安徽、湖北等地的流亡学生和逃难的人们，都纷纷涌进重庆和重庆周边的乡村。他们大都沿着长江水路一路西上，历经艰辛辗转来到嘉陵江边。

越来越多的人来到这里，也给嘉陵江边带来了更加活跃的抗日气氛。嘉陵江边的教育和文化氛围，变得空前浓厚。当时，不少内地十分有名的中学、大学，都在这里开办了条件简陋的临时教学点。大批的文化名人、专家、学者、教授也聚集在这里，比在桂林时有过之而无不及。

国民政府教育部还在重庆附近的白沙镇特设了一个大学先修班，专门为流亡到这里、错过了大学招考的高中毕业生提供临时学习的场所。

对黄旭华来说，这真是一个求之不得的好地方。更诱人的是，这个先修班吃住免费，不收一分钱的学杂费，几乎是一个流亡学生的"收容站"。当然，进入这个先修班的前提是要通过一次考试选拔。考试对于黄旭华来说不是难事，他顺利地进入了这个大学先修班，在这里度过了一段衣食无忧的大学招考准备生活。

白沙镇是一个江边小镇，镇子边的小山坡上，长着不少郁郁葱葱的松树。有时候，黄旭华会独自到小山坡上坐一会儿，既可排解心中对父母亲人的牵挂和思念，冲淡一些"独在异乡为异客"的孤独，又能呼吸一些新鲜空气，领略嘉陵江边的自然风光和田园气息……

浑黄的嘉陵江水从远处奔腾流过。山风吹来，松林里飘出一阵阵松香的气息。站在山坡上远眺，还可以看见缓缓驶过嘉陵江的帆影，隐约听见船工和纤夫们时而高亢、时而低沉的号子声……

九 嘉陵江边

一年之后的 1945 年 7 月，又到了各大学的招生考试季。学生们要开始报考自己心仪的学校了，这一届的"先修班"也宣布解散。

黄旭华报考了交通大学造船系。考完后，他回到炼油厂，一边勤工俭学，一边等候大学的录取消息。

让他感到意外的是，在交通大学的录取消息出来之前，他竟然先收到了一份被中央大学航空系录取的通知。这是怎么回事呢？

原来，那个大学先修班里学习成绩优异的学员有"保送"的资格，只不过这对所有被保送的学员都是保密的。黄旭华因为成绩突出，获得了保送资格，经过中央大学的审核和认可，黄旭华正式收到了录取通知。

到了 8 月份，交通大学也登报张榜，公布了录取名单。黄旭华看到，自己的名字排在造船系录取名单的第一位。

后来，黄旭华自谦地说，虽然名字排在造船系录取名单的第一位，但也不能因此断定，他的考试成绩是所有造船系考生里的第一名。也许还有另外的排序标准。

一个是中央大学航空系，一个是交通大学造船系。两所大学都是赫赫有名的学校；两个专业，似乎都能实现他从小就有的梦想：小时候他亲手制造过小小的船，但是他的小船被现实击碎了；他也亲手制造过能在空中滑翔的玩具飞机，但他的小飞机最终也

栽倒在地面……

从小到大，自己不是一直在梦想着，我们的国家也应该拥有自己的坚船利炮吗？不是一直在期盼着，我们的国家能够变得强大一些、再强大一些，不再受欺凌和压迫吗？此刻，黄旭华觉得，他正在走向这个梦想。

当然，鱼和熊掌不能兼得。造船和航空，他只能选择一项。虽然这两个专业都让他心生向往，但最终，他忍痛割爱中央大学航空系，选择了交通大学造船系。

让黄旭华喜出望外的是，就在他下定决心就读交通大学造船系之后不久，8月15日，从无线电波里传来一个振奋人心的好消息：日本宣布无条件投降了！

这天从傍晚时分开始，嘉陵江两岸，一支支火把在噼啪燃烧，灯火通明，人声鼎沸，到处是人们的欢腾声……

这是千千万万的中国人用宝贵的生命、坚持不懈的浴血奋战和艰苦抗争，换来的胜利喜讯，怎能不举国狂欢呢？

那些日子里，黄旭华也像很多背井离乡的流亡学生一样，像那些在漫漫长夜里终于迎来黎明的人们一样，特别喜欢吟诵杜甫的那首名诗《闻官军收河南河北》：

剑外忽传收蓟北，初闻涕泪满衣裳。

却看妻子愁何在，漫卷诗书喜欲狂。

白日放歌须纵酒，青春作伴好还乡。

即从巴峡穿巫峡，便下襄阳向洛阳。

这时候，他的心中只有一个念头：要是此时能和亲人团聚在一起，欢庆我们中国人的胜利，该有多好啊！

嘉陵江滔滔不息地向前奔流。多年来蒙受战火和苦难的祖国母亲，正在等待这一代学子成长起来，挑起科学救国和振兴中华的重担。

造船的梦想

站在黄浦江边，望着宽阔的出海口，黄旭华和他的同学们再次暗暗发誓：一定要为贫弱的祖国，造出最坚固的大船！这群意气风发的大学生，个个都像跃跃欲试的年轻水手，每个人都扬起了梦想的风帆，渴望去大海远航……

1945年，是中国人民抗日战争的胜利之年，也是世界人民反法西斯战争的胜利之年。战争的硝烟正在慢慢散去，所有热爱和平与幸福生活的人们，都在期盼着尽快走出战争的阴霾，早日过上安宁、太平的日子。

因为受到战争影响，人类探索科学技术的步伐，变得有些缓慢，但仍有一些重大科学成果诞生了。有些直接与"二战"有关，或者说，是残酷的战争加快了这些成果问世的速度。比如，1945年7月，世界上第一颗原子弹在美国新墨西哥州爆响；同一年，英国医生、生物化学家、微生物学家弗莱明，英国病理学家弗洛里，德国生物化学家钱恩对青霉素的发现，为人类找到了一种具有强大杀菌作用的药物，青霉素在战场上对伤员救治也发挥了巨大的作用。

1945年，黄旭华21岁，这个多年来一直被战火驱赶着，远离家人、四处漂泊、辗转求学的南方少年，现在如愿以偿，以优异的成绩迈进了交通大学造船系的大门。

当时，交通大学从上海西迁到重庆后，学校主要院系设在九龙坡，人们习惯地称之为"渝校"。造船系是当时交通大学最年轻的专业，创立还不到两年。造船系的老班底，是当时的重庆商船专科学校，按照当时教育部的规划，交通大学接管了这所专科学校，改建成造船系。

在黄旭华到造船系报到的那一刻，他望见了他们的校舍，那是几栋十分简陋的、用毛竹搭起来的竹棚子!

这几乎是当时所有西迁到重庆的大学共同的样子。有几间竹棚子就算不错了,总算还能遮风避雨。有的学校还设在荒山脚下的破庙里、农舍里,甚至是用芦竹、茅草搭起的茅屋里呢!

望着秋风中的竹棚子,捏着手里的通知书,黄旭华在心里暗暗想:从现在开始,我要把小时候被炸毁的船,重新制造出来!

入学一个月后,1945年10月,交通大学开始搬回上海。而黄旭华这批造船系的师生,直到1946年春天才得到动身搬迁的通知。他们先从重庆坐汽车到了陕西宝鸡,再从宝鸡换乘火车回到上海,进入设在上海的徐汇校区。

站在黄浦江边,望着宽阔的出海口,黄旭华和他的同学们再次暗暗发誓:一定要为贫弱的祖国,造出最坚固的大船!这群意气风发的大学生,个个都像跃跃欲试的年轻水手,每个人都扬起了梦想的风帆,渴望去大海远航……

此时,在黄旭华的想象里,他将在一张张图纸上,亲自设计和描画出他心目中的大船。他甚至还想象着,船头高大的前甲板上,一定会站着一位骄傲的年轻船长,船长的胸前挂着望远镜,手里拿着海柳烟斗……他想象着,自己就是这位正用坚毅的目光望着远方的船长……

黄旭华这届造船系的学生只有20多人。因为黄旭华排在造

船系新生录取名单的第一位,所以这一届造船系的学号也是从他编起的,他被编为2152。他记得,第三位同学是陈先霖,学号是2154。陈先霖后来从造船系转入机械系,多年以后他成为著名的机械学家和工程教育家,1995年当选中国工程院院士。

给黄旭华他们这届学生上课的教授和老师们,很多是从欧美留学回来的造船领域的专家和高等人才。

例如,造船系的系主任叶在馥,1906年(清光绪三十二年)从广东水师学堂航海科毕业,1909年赴英国留学,1912年考入格拉斯哥大学造船系,专攻造船工程。1915年又考入美国麻省理工学院学习军舰设计和制造。回国后分别在上海的江南制造厂、重庆民生造船厂和民生公司任职。叶先生在交通大学担任造船系主任的同时,还是民生公司的总经理兼总工程师。

再如,另一位教授辛一心,是叶在馥之后的造船系主任。他毕业于英国纽卡斯尔杜伦大学皇家学院造船工程专业,后来又转入英国格林尼治皇家海军学院攻读造舰工程,是我国造船工程学会的发起人和创建人之一、中国现代船舶设计和科学研究机构的创始人,也是一位著作等身的船舶工程专家。

因为拥有这样一些赫赫有名的教授、老师,造船系的教学内容,从一开始就做到了能与世界船舶制造的先进水平接轨。后来发生的一件事,也从侧面证实了这一点。

黄旭华他们上造船原理课程时，使用的一部教材是英文版的《造船原理》，分上、下两册。工作之后，有一次他们与苏联造船专家打交道，从苏联引进了一批俄文技术资料，其中就有一套俄文版的《造船原理》。

黄旭华一时好奇，认真地翻了翻，发现这两册资料正是他当年读书时使用的那套英文版教材的俄文译本。

"这些技术，我们在读大学时就已经学到手了。"后来黄旭华笑着说，"由此可见，交通大学造船系当时使用的教材也好，教学内容也好，都是相当先进的，基本与国际接轨了。而那套英文版的《造船原理》中所介绍的舰船制造原理和技术，在今天仍然适用，变化并不太大。"

从重庆迁回上海后，交通大学为学生们提供的学习和生活条件，也和战时大不一样了。四个人一间宿舍，让黄旭华感到非常满足。自从离开聿怀中学后，这么多年来他几乎都没有住过一间像模像样的学生宿舍呢！

在重庆时，学校对学生实行的是"全公费"。回到上海后，学校对每个学生的家庭条件进行了调查，对一些家庭不算太贫困的学生，实行了"半公费"制度，即个人需要缴纳一部分学费。黄旭华虽然兄弟和妹妹较多，但家里毕竟还开有诊所、药铺、米铺，所以被划归半公费学生之列。

自聿怀中学一别，黄旭华就没回过老家，除了大哥，他也没有再见到过自己的父母、兄弟和妹妹。他把对亲人的思念深深地埋在心里。在整个国家和民族蒙受战火和离乱的日子里，他不敢奢望个人能有更好的命运。现在，一切都安顿下来了，他和家人总算也有了书信来往，知道父母亲人都还平安，他的心里就踏实了。不过，因为弟弟妹妹们都处在念书的阶段，家里的日常开销也不小，所以，他在书信里从没主动开口要过学费。想到父母的操劳和艰辛，他实在是难以启齿。

因为有重庆炼油厂打工挣钱的经历，黄旭华决定在上海也尽量利用勤工俭学，给自己挣学费。从1947年暑期开始，他找了一份当家教的工作。当家教的收入，不仅为他解决了学费问题，竟然让他还有一点存款。他给自己买了一块便宜的瑞士手表，还故意在同学面前显摆，笑着说："有了它，我就是真的做了船长，潜到水下去也没有问题，这可是防水手表！"

1948年，一放暑假，黄旭华和几位广东籍同学相约，买了船票，先从上海乘船到汕头，再从汕头换上小客轮去往汕尾。父母在家书中告诉他，老五绍富这时候正在聿怀中学读高中。他要先去找到绍富，再和他一起回田墘镇，看望别离已久的父母。

那天，到了聿怀中学，一番打听之后，黄旭华径直来到绍富的宿舍，推醒了正在午睡的弟弟，大声道："绍富，快醒醒，你看看我是谁，认得出来吗？"

黄旭华离开家乡的时候，绍富还是一个穿开裆裤的小孩，还不太能记事呢。这时候，绍富揉着惺忪的睡眼，真的认不出眼前这个人是谁了。说实话，看着眼前的这个半大小伙子，黄旭华一时也没认出他就是小时候的绍富。

"我是你三哥呀！你还记得吗？"

"真的吗？是三哥你呀！你怎么突然出现在这里啊？"

兄弟俩久别重逢，紧紧地抱在一起。这一瞬间，黄旭华和弟弟绍富眼里都涌出了喜悦的泪花……

黄旭华带着绍富，迫不及待地赶回了田墘镇，和父母亲人们团聚了。屈指一算，自从1940年夏天离开聿怀中学，他已有九年没有看到父母了！九年后，当他再次站在父母面前时，真有点恍若隔世的感觉。

父亲和母亲不敢相信，眼前身材瘦长、玉树临风的年轻人，就是九年前独自远行而去的三儿。而此时，黄旭华看到，父亲和母亲的双鬓已经泛白，尤其是父亲，因为操劳过度，身子都显得有点佝偻了……

青春之歌

在国家民族的未来与前途面前，在一切大是大非面前，青年人首先要读懂的是"政治系"。在真理与谬误、光明与黑暗、正义与邪恶之间，每个热血青年，都应该做出自己清醒的选择。

在1947年、1948年这两年里，交通大学的校园里看上去似乎是平静的，但其实这里和当时整个中国一样，正在进行着光明与黑暗的大搏斗。

1947年，随着中国共产党领导的人民解放战争取得节节胜利，国民党统治区的经济、政治危机日益严重。国民党当局与全中国人民为敌，与追求光明、民主和进步的青年学生为敌，压制一切争民主、争自由、要求和平的声音，甚至用暴力迫害进步的知识分子和爱国民主人士。这种卑鄙的行径激起了全国人民的愤慨。身处国统区的人们奋起抗争，尤其是爱国青年学生们，掀起了"反饥饿、反内战、反迫害"的爱国民主运动。紧接着，全国各阶层的人们也纷纷站出来，声援爱国学生的正义斗争，沉重打击了国民党的反动统治。

这时候，在交通大学校园里，一些追求光明和进步的学生组成了一个名为"山茶社"的学生社团。社名寓意很美：山茶花在霜降雪飞的时节盛开，不畏严寒与黑暗，是预报春天的花朵，也像是黎明前的焰火……

"山茶社"的社长叫于锡堃，副社长叫许健。黄旭华在重庆的大学先修班读书时，认识了于锡堃。当时，于锡堃是陶行知先生创办的育才中学的学生。黄旭华和他同一年考取交通大学，黄旭华是造船系新生，于锡堃是航海系新生。交通大学从重庆迁回上海时,黄旭华又是和于锡堃等人同路。在从宝鸡开往上海的火车上,于锡堃给黄旭华讲述自己在育才学校的经历,包括怎样排演揭露丑恶现实、宣传进步思想的秧歌剧等。他还告诉黄旭华,等到了上海,他一定要在交通大学校园里成立一个进步学生社团……

于锡堃的一番话,让黄旭华心生向往。

但这时候黄旭华并不知道,在重庆时,于锡堃就已经受到中国共产党地下组织的影响,称得上是一位向往光明、追求进步的学生领袖了。出于谨慎考虑,于锡堃也没有跟黄旭华明说,他想成立的进步学生社团,其实在九龙坡的时候,就已经秘密地成立了。交通大学迁回上海后,于锡堃领导的"山茶社",不过是重新恢复了起来。

"山茶社"被誉为交通大学学生运动史上的一座丰碑。2007年,由上海交通大学党史校史研究室编著、上海交通大学出版社出版的《民主堡垒——战斗在交通大学的中共地下党(1925—1949)》一书中,有一篇回忆文章《黎明前的战斗》,其中有这样一段记述:

"山茶社"成立后,社员即到育才学校学习秧歌舞,回来后开展大家唱大家跳活动。大家唱的歌曲不下三四十首。其内容有通过怀念显示意志和力量的,有通过揭露丑恶现实、向往美好未来的，有抗战歌曲、苏联歌曲等。大家跳主要是教跳秧歌舞和集体舞。"山茶社"的活动主要是通过歌舞、短剧、影子戏等形式在学生运动中进行宣传，并组织辅导学校文艺社团，团结学生。

"山茶社"的活动在上海的校园里重新恢复后，社员由原来的10多人，很快发展到50多人，大多是思想进步的学生，也有少数中共党员。

于锡堃对黄旭华是了解的，也是信任的。"山茶社"的活动恢复不久，他就邀请黄旭华加入这个社团。黄旭华本来就对演戏、音乐、歌咏一类的文艺活动十分热衷，加入"山茶社"后，凭着自己的多才多艺，他很快就成为社团里的活跃分子和骨干力量。他不仅会演戏，扬琴、口琴、小提琴，也样样能演奏，还担任了合唱团和小乐队的指挥。

当时，"山茶社"里一位女同学，交通大学物理系的蒋励君，也是社里的一位骨干。后来，她成了人民日报社的著名记者，笔名金凤。金凤回忆起"山茶社"的往事时，对黄旭华"热情活泼、积极参加进步学生运动"印象深刻。她还清晰地记得，黄旭华这个小伙子是"在上海解放前夕加入地下党"的。

从1946年到1948年，黄旭华作为活跃的骨干力量，参与"山茶社"的各类活动，这不仅显示了自己卓越的文艺才能，更重要的是，他一步步靠近了自己一直都在向往和追寻的光明、进步与革命，也在一次次斗争中经受着考验。

于锡堃作为一名激进和活跃的"学生社团领袖"，渐渐引起了国民党特务的注意。1947年冬末的一天，于锡堃被捕了。当时，黄旭华以为他是一名地下党员。直到后来，黄旭华才弄明白，这时的于锡堃还只是"山茶社"的社长，并非正式的中共党员，地下党出于保护他的考虑，一直没有让他正式加入党组织。于锡堃被捕后，才被正式吸收为党员。

这件事让黄旭华明白了一个道理，那就是马克思少年时代在关于职业选择的一篇作文里写的：

> 如果我们选择了最能为人类而工作的职业，那么，重担就不能把我们压倒，因为这是为大家作出的牺牲；那时我们所享受的就不是可怜的、有限的、自私的乐趣，我们的幸福将属于千百万人，我们的事业将悄然无声地存在下去，但是它会永远发挥作用，而面对我们的骨灰，高尚的人们将洒下热泪。

于锡堃的经历，也让黄旭华认识到，为了一个美好和伟大的信念，共产党人舍生取义，从来就不怕牺牲。

回忆起在"山茶社"的活动经历和自己的心路历程,有一件事,黄旭华记忆犹新。对他来说,这也是一次真正的斗争和考验。这就是交通大学校史上著名的"护校运动"。

当时,国民党当局财政吃紧,决定压缩交通大学的办学经费,这将导致学校无法维持正常的教学活动,他们甚至还打算更改校名。一时间,师生们群情激愤,纷纷表示反对。

1947年5月13日凌晨5时左右,住在交通大学本部的2000多名学生,汇集在一起,乘着校友想法弄来的大卡车,冲破层层阻碍,到达上海火车站,准备乘火车去南京请愿。

就这样,黄旭华和他的同学们一起,义愤填膺地来到火车站。

当局见阻拦不了学生,就想了个办法,提前把车站清空,将车站里的火车或是开走,或是隐藏起来,火车司机和铁道工人也都被临时调走了。他们以为,学生们找不到火车和开火车的人,肯定就会罢手。

见车站里没有火车,学生们就分队沿铁路寻找。最终在铁路工人的指引下,他们找到了一个火车头和几节车厢。但是,没有司机怎么办?

这时候,机械系的同学就自己动手,给车厢挂上了火车头。当晚,同学们在火车头上贴上了"交大万岁"的醒目标语,自己驾驶火车。火车不仅载着交通大学的学生,也载着赶来声援的复旦大学、同济大学的同学们,他们一路高呼着,朝着南京方向进发。

国民党当局一计不成,又生一计。他们赶紧派人在前方的铁路上拆卸了一段铁轨,火车开到这里,被迫停了下来。国民党当局做得很绝,把拆卸下来的铁轨都搬走了,学生们一时间根本找不到可以补救的铁轨。难道"护校运动"就这样半途而废了吗?

黄旭华和他的同学们,真不愧是交通大学的学生!事情到了这个地步,也仍然难不倒他们!这时候,轮到土木系的同学出马了。土木系的同学找来工具,把火车后面的铁轨一节一节拆下来,再装到前面被拆卸掉的路段上,让火车一段一段往前开。

国民党当局急得拆掉了铁路拐弯处的道岔,这样一来,火车再没办法继续前进了。但是,满腔正义的学生们丝毫没有退缩,他们就地坐下,一边与持枪的士兵对峙,一边将整个铁路交通给阻挡瘫痪了……

这样坚持到第二天凌晨,国民党当局再也无计可施了,只好让教育部部长朱家骅出面,亲自赶到现场,代表教育部做出了妥协,并亲笔写下书面承诺:校名不更改,学校经费依照实际需要增加。如有其他未尽事宜,师生及校友可派代表到南京面商。

在教育部部长与学生谈判之前,还出现了一个小插曲:为了防止国民党当局耍花招,学生们还自发组成了纠察队。细心的纠察队员发现,谈判现场附近埋伏了一些荷枪实弹的士兵。学生代

表严词提出，必须先撤走军队，才可以谈判。朱家骅答应了学生们的要求，让当局赶紧撤走了士兵。

至此，这场交通大学学生齐心协力的"护校运动"大获全胜。虽然黄旭华不是这场"护校运动"的领导者，但他亲历了全过程。

事后，有同学风趣地总结说："这场胜利的取得，再次证实了培根的论断是正确的——知识就是力量。"

从这场斗争中黄旭华真切地认识到：正义终究会战胜邪恶，光明终究会战胜黑暗；只要大家齐心协力，敢于反抗和斗争，任何力量都不能阻挡爱国学生们前进的步伐。

这次经历，让黄旭华明白了一个道理：无论是造船系、航海系、土木工程系，还是历史系、哲学系，在国家民族的未来与前途面前，在一切大是大非面前，青年人首先要读懂的是"政治系"。在真理与谬误、光明与黑暗、正义与邪恶之间，每个热血青年，都应该做出自己清醒的选择。

十二 风雨洗礼

此时的交通大学,已经有着"民主堡垒"之称,所有的爱国师生都怀着一个共同的信念:团结就是力量,正义不可战胜,黑暗终会被驱散,美丽的黎明定会到来……

亲历了一场"护校运动"之后,黄旭华再去参加"山茶社"的活动,带领和指挥大家合唱《团结就是力量》那首歌曲时,内心的感触也和以前不一样了。

"团结就是力量,团结就是力量。这力量是铁,这力量是钢,比铁还硬,比钢还强!向着法西斯蒂开火,让一切不民主的制度死亡!向着太阳,向着自由,向着新中国,发出万丈光芒……"

在这字字千钧、铿锵有力的青春的歌声里,作为一个坚定的爱国青年,作为一个活跃的学生社团成员,黄旭华正在一天天成熟起来……

在交通大学读书的日子里,凭着自己一直以来的"学霸"底子,黄旭华对各门课程的学习十分自信。在对待各科成绩上,他秉持这样的心态:不争强好胜,不刻意去追求名次。

他给自己定出了底线:不能挂科,不去作弊。虽然黄旭华入学成绩优异,但他在交通大学学习期间的各科成绩,并不名列前茅。他的突出成绩,是他的综合表现。因为综合表现优异,他先后获得交通大学奖学金、上海市统一奖学金、上海市轮船业同业公会奖学金。

这个时候,他已经清醒地认识到,在光明与黑暗相搏斗的时刻,专业知识上的长进固然重要,但是,世界观、人生观和价值观的进步,比知识的获得更为紧要。

此时的交通大学，已经有着"民主堡垒"之称，所有的爱国师生都怀着一个共同的信念：团结就是力量，正义不可战胜，黑暗终会被驱散，美丽的黎明定会到来……

在这样的时刻，黄旭华内心的激情在燃烧，他把更多的时间和热情，投入到如火如荼的进步学生社团活动之中。

中国共产党的地下组织，也在交通大学校园里秘密组织和领导着学生们的爱国民主活动。国民党当局的一系列暴行，使得越来越多的青年学生认识到共产党的伟大与进步，坚信只有共产党才能够救中国。所以，这个时期，黄旭华经常和志同道合的同学一起讨论时事，辨明是非，也悄悄地阅读了不少马克思主义的书籍。

和黄旭华来往频繁、交往密切的，大多是倾向革命、向往光明和进步的同学，他们的交往、讨论，甚至是争论，也促成了黄旭华在思想上和世界观上的飞跃，年轻的心灵仿佛被黎明前的号角唤醒了一样，青春的热血在周身奔涌……

因为频繁参加社团活动，黄旭华的身份和行踪，也渐渐地引起一些老师的关注。

有一天，给他们讲授船舶动力和推进课程的王公衡老师正准备上课时，黄旭华又跑来请假，还提出要带全班同学去参加"山茶社"一个重要的演出活动。

"重要的，重要的，你们的活动都是'重要的'！"王老师一听就火了,啪的一声把讲义摔在桌子上,"我看,同学们都给你带坏了!"说完,他没有再阻拦黄旭华,而是自己拿起教案离开了。

这位王公衡先生,不仅是交通大学的教授,同时还在交通部里担任某个专业职务,平时就在南京的交通部上班,每个星期坐火车来学校上两天课。黄旭华心里明白,王老师对他和同学们的活动心知肚明,也有意无意地在网开一面。

上海解放后不久,有一天,黄旭华又和这位王老师相遇了,他赶紧上前问好,王老师笑眯眯地说道:"黄旭华,你这个'活跃分子',算你幸运,不然我不会让你毕业的!"

"感谢先生关照之恩,您看,现在上海不是'天晴了'吗?"黄旭华一语双关地笑着说道。"哈哈哈,'团结就是力量'嘛!"王老师也哈哈大笑起来。

1948年5月3日、4日这两天,在交通大学校园里,举办了一场吸引上海许多大学生前来参加的集会——"五四营火晚会"。

这场声势浩大的营火晚会,是由上海高校学生联合组织举办的,名义上是纪念伟大的五四爱国运动,实际上,晚会的主题已经醒目地写在一幅巨大的招贴画上:"为独立自由、民主富强的新中国奋斗!"在营火晚会主会场的大草坪中央,学生们还用竹篱笆、松枝等扎起了一座"炮楼",外面贴着彩纸,正面悬挂着"民主堡垒"四个格外醒目的大字。

整个晚会气氛热烈，上万名参加晚会的学生情绪高涨，向国民党反动派显示了一代中国青年爱国、进步和追求光明的力量。这场晚会，后来也被视为上海解放前夕最成功的一次学生爱国运动。

黄旭华和"山茶社"的社员们，不仅是这场学生集会的亲历者，也是其中的骨干力量。"山茶社"的成员一边用朗诵、歌咏、演戏等形式参与晚会演出，一边还时刻保持着警惕。有的社员还加入了学生纠察队，负责巡逻和查验与会者身份，以防国民党特务混进来搞破坏。

这场营火晚会，不仅有上海许多大学的学生参加，还吸引了一些中学生穿越大半个城市，来当大哥哥、大姐姐们的听众，为他们助威、加油。

多年后，有一个当年还在上海一所私立中学上初中的女生，署名"童调生"，在2019年4月26日的《湖南日报》刊载了一篇回忆文章《山那边哟好地方》，从侧面记述了这场营火晚会的情景。她在文章中回忆说：

……到徐家汇交通大学民主广场，参加反迫害争取民主的营火会，这次是从上海的东北驱车前往西南，我第一次沿着上海的长轴线，斜穿整个上海最繁华的市区，看到沿路闪烁着霓虹灯光，不时看到"飞行堡垒"（当年警车之称）呼啸

而过，繁华的景象终究掩饰不了国民党正走向风雨飘摇的末路。到达交通大学民主广场时，营火会已经开始，大群学生围坐在广场周围，广场中央燃起了象征光明和斗争的熊熊烈火。为了保护我们这些年龄小的初中生，我们被安排坐在出口附近。大学生告诉我们，一旦发生军警特务的破坏，要我们先赶快撤离躲避，并安排了安全撤离路线和躲避场所。由于安排周密细致，布置了防范措施，而且这次营火晚会组织动员了全上海市的大中学校，在这浩大的声势面前，反动派也胆怯了，当晚没有发生镇压破坏事件。

　　……同学们群情激奋，呼喊反迫害争民主的口号，高唱着《团结就是力量》，在营火的映照中，一遍又一遍地传唱着向往光明和解放的歌曲《山那边哟好地方》……一年多以后，终于迎来了"山那边"照耀过来的黎明的曙光，神州大地成了人民当家做主的光明的"好地方"！

这里说的《山那边哟好地方》是一首从解放区传过来的带有民歌风味、曲调明朗的抒情歌曲。这首歌一传到国统区，大学生们都很喜欢，纷纷传唱。

黄旭华因为喜欢唱歌，又识谱，在同学中最先学会这首歌，他打着拍子，教大家一起唱：

山那边哟好地方,
一片稻田黄又黄。
大家唱歌来耕地哟,
万担谷子堆满仓。
大鲤鱼呀满池塘,
织青布呀做衣裳,
年年不会闹饥荒。

山那边哟好地方,
穷人富人都一样。
你要吃饭得做工哟,
没人给你做牛羊。
老百姓呀管村庄,
讲民主呀爱地方,
大家快活喜洋洋。

　　大家都很喜欢这首朴素明快的歌曲。因为大家心里都对"山那边"——共产党领导的自由、平等、光明的解放区生活,充满了好奇和向往。相比之下,国民党统治区的黑暗、腐败、民不聊生的生活,让人感到无比压抑,尤其还有无处不在的白色恐怖,几

乎令人窒息。

经过这场"五四营火晚会"活动,黄旭华组织社团活动的才干,再一次得到了锻炼和考验,也赢得了同学们的称赞。

随着"山茶社"的活动越来越频繁,越来越引人注目,地下党组织出于保护社员们安全的考虑,指示"山茶社"今后的活动要隐蔽和分散一些。于是,1948年4月,一个以原"山茶社"社员为主要组成人员的新的学生社团成立了,取名"大江歌咏团"。以"歌咏团"的名义组织和参加活动,可以"淡化"学生社团的色彩,分散特务们的注意力。

这时的黄旭华,不仅是"山茶社"合唱团的指挥和领唱,还被推举为"大江歌咏团"的主要负责人。与此同时,中共地下党组织也在悄悄地引导和培养着他,把他列为重点考察对象。

1948年年底,国民党特务加大了对"山茶社"活动的注意,似乎也嗅出了"大江歌咏团"的某些气息,危险正在悄悄逼近这些进步的学生,更有可能危及其中的地下党员。因此,地下党组织当机立断,决定立刻解散"山茶社",用一个新的学生社团取代它。

这个社团取名"晨社",暗喻青春的晨光像太阳一样,每天必将骄傲地升起。黄旭华被任命为"晨社"社长。

其实中共地下党组织一直在悄悄注视和观察着黄旭华的举动和思想变化。但因为斗争环境严酷复杂,出于保护进步学生的考虑,地下党有严格的纪律和规定，他们绝不会轻易地向被考察对象公开自己的身份。所以，虽然黄旭华能感受到有一种光亮和力量引领和指导着自己的进步，却也无法判别他身边的人，谁是真正的地下党员。

有一天，一位黄旭华熟悉的"山茶社"社员悄悄走过来，小声说道："旭华，走，到那边，比较僻静的地方，我们谈谈……"

黄旭华不知道，一个神圣的时刻降临了……

十三 向着光明奔去

就这样，1948年冬天，黄旭华经过反复思考，在一个雪夜，他抑制不住内心的激动，一边往手上哈着热气，一边奋笔疾书，庄重地写下一份入党申请书。

"山茶社"首任社长于锡堃被捕后,另一位交通大学进步学生许健接任了社长。许健与地下党组织联系紧密,像于锡堃一样,他把"山茶社"的活动搞得有声有色。从1947年下半年到1948年上半年,许健组织"山茶社"社员学习了《大众哲学》等马克思主义启蒙读物,又带领大家学习了《论联合政府》《目前的形势和我们的任务》等来自解放区的革命书籍,让许多年轻的社员坚定不移地走上了奔向光明、追求共产主义理想的道路。1948年下半年,许健的活动引起了国民党特务的注意,他也被列入了准备逮捕的黑名单,面临随时被捕的危险。后来,经过地下党组织的安排,许健与一批进步学生一起,由交通员带领转移到皖西大别山解放区,正式参加了中国人民解放军。

"山茶社"里还有一位活跃的女社员,名叫魏瑚。受地下党指派,1948年年底,她在交通大学的学生自治会创办的"每日新闻社"担任播音员。魏瑚后来回忆说:"其实,这份工作是很危险的,等于完全晾在敌人面前。念的稿子可以隐藏起来,但喇叭是隐蔽不了的。所以,当我接受这个任务时,就已经做好了坐牢的准备。喇叭一响,不仅学校里面的师生听得见,整个徐家汇的群众都听得见。"

"山茶社"里还有一位来自交通运输系的社员,名叫陈汝庆。黄旭华当时只是隐隐感觉,陈汝庆思想进步、成熟,为人稳重,平时做事也比较低调，但他怎么也没有想到，正是这个陈汝庆，一直代表地下党组织，悄悄观察自己的一举一动和细微的思想变化。现在，悄悄把黄旭华拉到一边、要跟他"谈谈"的这个人，正是陈汝庆。

陈汝庆对黄旭华说："从你参加'山茶社'的活动、'护校活动'，到'大江歌咏团''五四营火晚会'……你的表现，党组织都看到了。现在我们想知道，你对'山那边'是怎么想的？"

黄旭华一听，立刻就明白了陈汝庆的身份，他顿时感到热血澎湃，心跳也加快了。一种神圣的、庄严的感情，瞬间涌上了心头。

黄旭华对陈汝庆如实相告："我一直对'山那边'充满了真诚的向往，不过也总觉得自己还不够格……"

"够不够格，党组织会做出判断的。请明确告诉我，你是否愿意加入中国共产党？"

"我愿意，当然愿意！这是一个崇高的理想。可是……"黄旭华说，"我不知道怎样才能加入？"

"认真写一份入党申请书，把自己的思想，把自己对共产党的认识，还有对国民党的认识，坦诚地、明明白白地写出来，向党组织汇报，就像我们今天的谈话一样。"

"我明白了。"黄旭华非常激动，"我没想到，这一天会来得这么快……"

就这样，1948年冬天，黄旭华经过反复思考，在一个雪夜，他抑制不住内心的激动，一边往手上哈着热气，一边奋笔疾书，庄重地写下一份入党申请书。

当他把申请书交到陈汝庆手上时，陈汝庆十分高兴，他真诚、严肃地告诉黄旭华："未来的路，还很漫长，党组织还会考察你，期待你有更大的进步！"

"为了这个崇高的理想，我愿意接受任何考察和考验！"黄旭华握住陈汝庆的手，坚定地说。

仅仅过了两三个月，1949年春节过后的一天，"大江歌咏团"再次组织活动时，那位化学系的女同学魏瑚，满脸笑容地把黄旭华拉到一边，小声说道："告诉你一个好消息，组织上已经批准了你的申请！祝贺你，同志……"

"同志……"黄旭华第一次听到有人这样称呼自己，激动得几乎说不出话来，眼睛瞬间就湿润了。

因为经常在一起参加"山茶社"和"大江歌咏团"的活动，他和魏瑚、陈汝庆早就很熟悉了，但他没有想到，魏瑚这位漂亮的女生也是地下党员。

一年后，在1950年4月20日，黄旭华办理了转正手续，由中共预备党员，成为一名正式党员。在办理手续时，他把陈汝庆、魏瑚两人，填写为自己的入党介绍人。经过核查后，党组织予以了认可。新中国成立后，陈汝庆在交通部担任领导职务，魏瑚曾在上海市科委担任领导职务。他们是黄旭华在"山茶社""大江歌咏团"等社团里的同道和战友，也是黄旭华在交通大学参加学生运动、加入党组织、走上革命道路的见证者和指路人。

自黄旭华加入地下党之后，很长一段时间代表地下党组织与他保持单线联系，并对他负责的"大江歌咏团"和"晨社"的工作发出指示的人，就是魏瑚。有一天，魏瑚突然通知黄旭华："因为工作变动，将会有新的联系人与你取得联系，接替我的工作。你们的接头地点是……"

当时，正是上海解放的前夕，斗争形势非常复杂，稍有不慎，就可能暴露身份，给党组织酿成大祸。所以，地下党对所有的联络工作都格外谨慎、严密，凡是接头、交代工作等，都要单线联系，而且必须使用暗语。

魏瑚回忆，当时地下党联络常用的暗语有"小姐，看看报纸上日期啊""请借一支笔给我""这个笔是什么牌子，别的牌子有没有"……送完情报后，大家还相互通个电话，确认任务已安全完成。魏瑚还记得，有一段时间，为了保密起见，她还把自己的名字改为"许冰"，跟她妈妈姓。每次去送报或跟联络人接头，都会面临险境，不知道能不能活着回来。

魏瑚交代黄旭华与新的联络人接头，也是到一个指定的体育

馆去,黄旭华手里拿着一张报纸,对方手里也拿着同样的报纸,然后互相对一下暗语。

让黄旭华颇感意外的是,他与新的联系人接头时,竟发现对方是自己熟识的一个朋友!

原来,黄旭华读大学四年级那年,住的是两人一间的宿舍。起初他是和一位名叫厉良辅的同学一起住。不久,厉良辅上了国民党特务的名单,只好悄悄离开学校。一个名叫许锡振的同学接着住了进来。许锡振是航空系的,比黄旭华低一届,虽然平时交流不多,但住在一个宿舍里,也算十分熟悉了。

黄旭华没有想到,当自己遵照指示与新的联系人接头时,站在那里等候他的,竟然就是许锡振!对上暗语后,两个人这才会心地哈哈大笑起来。

黄旭华说:"真没想到,我的新'领导人'原来近在咫尺!"

许锡振说:"什么叫'殊途同归'?这就是了。"

黎明前的斗争,考验和锻炼了黄旭华,也让他完成了自己在世界观、人生观上的飞跃。

1948年冬日,他和厉良辅同住一室的时候,有一天深夜,厉良辅已经睡熟了,黄旭华还在灯下看书,突然,宿舍外面响起一阵敲门声。

"谁啊?这么晚了!"黄旭华立刻警觉地问道。

外面回答说:"学生会请厉良辅同学去开会。"

这时,厉良辅立刻飞身跃起,穿好了衣服,准备去开门。

机警的黄旭华一把拦住了他,摇了摇头,小声说:"状况不太对呀!你是学生会主席,这么晚了要开会,为什么你事先不知道?"

厉良辅听后也恍然大悟,小声说道:"你分析得对。"

他们的宿舍在一楼,黄旭华立刻悄悄掀开窗帘,朝外面观察,果然发现,在夜色的掩护下,不远处的树后面,有两个鬼鬼祟祟的黑影躲在那里。不用说,那准是国民党特务。

黄旭华示意厉良辅不要出声,他朝着门外大声说道:"厉良辅不是在你们学生会开会吗?现在还没有回来。这么晚了,还让不让人休息了?你们到别处找他去吧。"

外面的人当然不甘心,竟然想强行破门。黄旭华和厉良辅在里面死死抵着屋门。门板快抵不住了,黄旭华急中生智,索性厉声大叫道:"你们想干什么?同学们,特务们来抓人啦!"他的声音唤醒了整个男生宿舍楼里的同学,大家纷纷跑出来,把那几个特务围在中间,愤怒地斥责:"这里是学校,竟然跑到这里来抓学生,你们是什么人?"特务们本来就心虚,这时也怕闹大了不好收场,只好灰溜溜地离开了。

多亏黄旭华和同学们的掩护与帮助,厉良辅总算逃过了这场危险。但那之后,他在交通大学校园里也难以待下去了。不久,

地下党就把他秘密转移到了解放区,又派他去苏联学习深造。后来,厉良辅成为著名的水利工程学家。

又有一次,在1949年4月,有消息说国民党特务近日要来交通大学清查和搜捕上了他们名单的学生。此时,黄旭华作为"大江歌咏团"和"晨社"的负责人,名字也列入了特务的名单里。

这天,党组织让魏瑚通知黄旭华赶紧隐匿和撤退。魏瑚还代表党组织,交给黄旭华一个银圆作为撤退的费用。黄旭华接过银圆后,迅速通知了另外几个"自己人",悄悄离开校园,在外面找了一个安全可靠的地方隐藏起来。

几天后他们得知,国民党特务要闯进学校抓人的消息是准确的,只不过因为特务们想要的"赏钱"事先没有拿到,所以临时起了内讧,这场大搜捕变成了"虚惊一场"。

但在4月25日,又发生了一件事,这次不再是一场虚惊,而是一次真实的斗争。

那天,黄旭华带着社团成员,正在做迎接上海解放、慰问人民解放军的准备工作。一直忙到凌晨,大家正准备合上眼休息一会儿,突然,远处响起一阵激烈的机关枪的扫射声……

黄旭华和同学们很兴奋,以为是解放军打到交通大学附近了,大家赶紧穿衣起来,准备去迎接解放军。

哪知道,突然闯进门来的,竟然是一群穷凶极恶的国民党士兵。

"不准动！谁也不许动，谁动就一枪打死谁！"士兵们举着枪，大声呵斥。

这时候，机灵的黄旭华趁着混乱，一闪身躲进了洗脸间里。正好洗脸间里有个长长的水槽，他使劲把自己藏到了水槽底下。

士兵们在宿舍挨个房间清点要搜查的人。这时，有个同学走进洗脸间，发现了躲在水槽底下的黄旭华。他向黄旭华使了个眼色，小声说："这里可不行，根本躲不住。三楼刚刚查过了，你赶紧上三楼去……"

在这个同学的掩护下，黄旭华迅速转移到三楼的一间宿舍，最终躲过了一劫。

事后黄旭华得知，这天凌晨，国民党士兵抓捕的名单里，有包括自己在内的数位地下党员。其中有两位交通大学的学生和地下党员，一位叫穆汉祥，另一位叫史霄雯，都在这个凌晨被抓走，不久就被国民党秘密杀害了。

有一个哲学名词叫"奥伏赫变"，是德文词语的音译，包含抛弃、发扬和提高的意思，一般是指新事物、新观念替代了旧事物、旧观念。但它不是简单地抛弃，而是克服和抛弃了旧事物中消极的东西，又保留和继承了对新事物有积极意义的东西，并把它提升到新的阶段。1948年和1949年这两年时间里，黄旭华的精神世界正在发生这样的"奥伏赫变"。

1949年，他在写给一位女同学的书信中谈到，他读了《钢铁是怎样炼成的》这部小说后，联想到自己在"山茶社""大江歌咏团"和"晨社"的斗争经历，更清晰地认清了自己的人生方向，就是要像保尔·柯察金一样，坚定自己的共产主义信念，在大风雨中经受一切考验，把自己锻打成真正的"钢铁"！

保尔·柯察金的那段名言，他也奉为圭臬：

> 人的一生应当这样度过：当回忆往事的时候，他不会因为虚度年华而悔恨，也不会因为碌碌无为而羞愧；在临死的时候，他能够说："我的整个生命和全部精力，都已经献给了世界上最壮丽的事业——为人类的解放而斗争。"

上海解放前夕，在黎明即将到来、国民党统治即将被推翻的那段黑暗的日子里，他是这样想的，也是这样行动的。作为一个热血澎湃的青年革命者，他正迈着坚定的脚步，向光明奔去……

十四　祖国在召唤

这一步，无论对黄旭华个人的人生道路而言，还是对中国未来的核潜艇总体设计事业来说，都不是简简单单的"一小步"，而是十分关键的"一大步"。

江南春来早。1949年春天，中国人民解放军以风卷残云、摧枯拉朽的气势，向长江以南地区进军。辽阔的江南大地上，金黄色的油菜花地一片片展开，好像要从人们的眼前一直铺展到遥远的天边……

这个明媚的春天，也是国统区人民走出黑暗和苦难，终于迎来自由和解放的第一个春天。胜利的消息接踵而至。先是南京解放，接着是上海。在人民解放军的隆隆炮声中，原本占据在交通大学校园里的一支国民党军队，连夜逃出了校园。5月底，大上海正式回到了人民手中。

国民党南京政府已经溃散，教育部也在逃亡途中。到6月初，校方只好草草宣布，黄旭华他们这届学生就此毕业。

按照以往的规定，颁发给毕业生的毕业证书，应该盖上国民政府教育部的大印。但这时候，哪还能找到什么"教育部"呢？结果，校方发给黄旭华这一届毕业生的，只有一张临时的毕业证明书，上面有学校和校长王之卓的署印。直到两年后的1951年9月，黄旭华这一届毕业生才重新领到学校补发的正式毕业证书。

无论怎样，大学生活结束了。

这时候，人民解放军马不停蹄，继续向南方推进，去解放南方各个省份，也包括黄旭华的家乡岭南地区。解放军所到之处，很多大学生和爱国青年投笔从戎，纷纷加入解放军的行列，跟随大军南下。

黄旭华也不例外，他怀着满腔的热情，毅然做出了一个抉择：投笔从戎，报名参军，去解放自己的家乡！

想报名入伍的青年学生很多，军管会那里每天都排着长长的队伍。队伍里的每个人手里都拿着几张表格，在上面详细地填写着自己的身份和简历。这天，黄旭华也排在报名的长队里，随着队伍慢慢地向前移动。

突然，有人从背后拍了一下他的肩头。他回过头一看，不禁大吃一惊，原来是一个熟人！

"咦，庄绪良！你怎么会在这里？我还以为你也转移到解放区去了呢！"黄旭华惊讶地说。这位庄绪良，是地下党在交通大学里最后一位与黄旭华联络的人，算是黄旭华的"上级"。

"黄旭华，你不要在这里排队报名了。"庄绪良笑着说，"这样排下去，排到天黑也轮不到你。"

"就算排到天明，我也要排啊！不然怎么加入解放军呢？"

"现在……"庄绪良故意压低声音，还像过去和黄旭华交代任务时一样，神秘地说，"现在，有一个新的任务在等待你！"

"什么任务？"黄旭华迫不及待地问道。

"组织决定，送你到新成立的上海市委第一期党校学习。"庄绪良说，"你很幸运哪，马上就能见到陈毅市长等首长和领导了！"

就这样，听从党的安排和国家的召唤，黄旭华没有参军入伍，而是背起包到党校报到去了。

他在上海市委第一期党校学习班学习了四个月，和党校的同志一起，迎来了中华人民共和国的开国大典。

学习结业后，党组织把他留在上海，分配到当时的华东军管会船舶建造处工作。船舶建造处处长，正是黄旭华在交通大学造船系的老师辛一心。至此，黄旭华正式从学校进入社会，走上了崭新的革命工作岗位。

在这之后，根据革命工作的需要，黄旭华的工作岗位，又有了数次变动。1950年10月，他被调到上海招商轮船局，担任局长秘书；1951年秋天，上海港务局成立了共青团委，考虑到黄旭华组织过学生社团和从事过地下工作，就把他从招商轮船局领导身边"挖"了过来，担任港务局的团委书记。

设在上海的国家重工业部船舶工业管理局后来划归第一机械工业部，并更名为船舶工业管理局，地点仍然在上海。这时，黄旭华的老师辛一心，还有交通大学造船系的一些同学，先后都进入了这个与船舶制造有关的专业单位。

黄旭华真是羡慕得不得了！从童年时代就一直萦绕在他心中，从来没有放弃过的那个造船的梦想，此时又回到心头，仿佛日夜都在诱惑着他，向他发出热切的召唤：

"来呀！快来呀，我们未来的船长！你还在等待什么……"

于是，黄旭华想方设法，费了不少周折，终于如愿以偿来到了船舶工业管理局，被安排在船舶试验筹备处工作。这个船舶试验筹备处，就是今天的中国船舶重工集团702所的前身。

当时，这个筹备处人员很少，只有技术组和秘书组两个部门，黄旭华既是技术组的技术员，又是秘书组的组长。

船舶局还有一个设计处，专门负责船舶的总体技术设计工作。黄旭华想，要实现自己从小的造船美梦，怎能绕开这个部门呢？

这年秋天，机会来了。黄旭华的老师辛一心担任了设计处的处长，自然要招兵买马。辛老师马上想到了自己的得意门生黄旭华。于是，黄旭华又一次如愿以偿，来到辛老师麾下，进入了船舶总体设计领域……

这一步，无论对黄旭华个人的人生道路而言，还是对中国未来的核潜艇总体设计事业来说，都不是简简单单的"一小步"，而是十分关键的"一大步"。如果黄旭华不曾在这个秋天进入船舶总体设计领域，那他后来的人生轨迹，也许会是另一番样子了。就像美国诗人弗罗斯特在那首名诗《未选择的路》里所写的："一片树林里分出两条路，可惜我不能同时去涉足。而我选择了人迹更少的那一条，从此决定了我一生的道路。"

又一个幸运的机会，降临到黄旭华身上。国家从政府各部门

挑选了一批思想觉悟过硬、工作表现突出的干部和专业人士，组成商务代表团，赴民主德国学习考察，黄旭华是这个考察团的成员之一。

这是黄旭华第一次出国。民主德国当时在科技和工业等领域拥有很多先进的技术和经验，这让黄旭华和考察团的成员们大开眼界，也让他们真切地感受到，科学技术的进步是多么密切地关系着一个国家的生产力。黄旭华喜欢摄影，民主德国的照相机制造技术，当时在全世界首屈一指。黄旭华省吃俭用，把本来就不多的出国津贴节省下来，买了一架德国照相机。这架老式照相机让他爱不释手，后来也一直伴随着他，在工作和生活中，为他立下了汗马功劳。

当时出国很不容易。他们到达东柏林时，是1953年底，返回祖国的时候，已到了1954年4月份。

黄旭华没有想到，回国后，又有一个崭新的、甚至还带有几分神秘的工作岗位，正等待着他。

当时，中国和苏联刚刚达成一系列军用舰船转让仿制的协议，其中有一些重大的、保密性的任务，由船舶工业管理局承担。

黄旭华原来所在的设计处，主要负责民用和商用船舶的总体设计，回国后，他被重新分配到设计二处，正式开始与军用舰船的设计打交道了。

设计二处有四个专业科：一科负责护卫舰，二科负责快艇，三科负责潜艇，四科负责扫雷艇和猎潜艇。仅仅从这些名称上，就不难想象，这些工作都与军工、国防和未来的大国重器有关。

黄旭华被分配在四科，负责扫雷艇和猎潜艇的转让仿制工作。不用说，因为是军工项目，二处的工作要求对外高度保密。

在这方面，有地下党活动经历的黄旭华，不仅政治素质过硬，心理素质也毫无问题。打从进入这个领域的第一天起，他就把有关保密纪律牢牢地记在心里，从此不再对任何外人谈及自己工作上的事情，真正做到了守口如瓶。

而且，出于保密考虑，从那以后他与父母亲人的书信联系也越来越少，老家的亲人们只知道他在船舶局，但谁也不清楚他的具体工作。

1957 年春节前夕，黄旭华曾回老家看望年迈的父母。亲人们出于关心和好奇，不免询问他工作上的事，黄旭华只是笑笑说，请大家放心，在工作上他一定会兢兢业业，不会拈轻怕重的。

在设计二处两年多的时间里，黄旭华一边虚心地向一起工作的苏联专家请教，一边把在交通大学时学过的船舶理论教材和笔记都找出来，重温和整理了一遍。后来他回忆说，正是在这宝贵的两年里，他熟悉和掌握了军事舰船的设计、制造和测试应用等流程，也弄懂了军事舰船的动力、武备等系统的奥秘。这为他在

不久的将来受命进入核潜艇研制领域,奠定了坚实的基础。这是他默默付出的磨剑功夫,也是他不动声色的霜刃初试。

  从1949年到1957年,我们年轻的共和国,每天都在发生日新月异的变化。全世界的科学技术也在突飞猛进地向前发展,尤其是苏联和美国,这两个超级大国在军事科技上你追我赶、争先恐后。战争的硝烟虽然暂时飘散,但大国之间在军事实力上的竞争,却从来没有停止,就像平静的大海之下,依然是暗流涌动。"冷战"的阴云越来越浓重,笼罩在热爱和平的人们的头上……

十五 温馨的家

或许，女儿的名字里，也寄托着他从童年时代起就有过的那个造大船的梦想。在爸爸的心目中，海燕就是大海的女儿。所以，在海燕刚学走路时，爸爸就给她穿上了漂亮的海魂衫……

蓝色的天空像大海一样，
广阔的大路上尘土飞扬。
穿森林过海洋来自各方，
千万个青年人欢聚一堂。
拉起手唱起歌跳起舞来，
让我们唱一支友谊之歌。

欢乐的歌声在回旋荡漾，
歌颂着我们的幸福时光。
亲爱的朋友啊心连着心，
我们有共同的美好理想。
拉起手唱起歌跳起舞来，
让我们唱一支和平之歌。

……

在我们年轻的共和国诞生之初的50年代里，几乎每个青年人都会唱这支《青年友谊圆舞曲》。每逢周末晚会或五四青年节，年轻人喜欢跟着这首圆舞曲明快的旋律翩翩起舞。直到老年，黄旭华都很喜欢这首圆舞曲，每次听到这首青春舞曲，他就会回忆起自己和爱人李世英一路走来相亲相爱的岁月……

十五　温馨的家

　　1951年秋天，黄旭华还在港务局当团委书记的时候，就认识了同在港务局团委工作的青年干事，漂亮的上海姑娘李世英。当时，李世英刚刚高中毕业，梳着两条黑亮的长辫子，胸前总是佩戴着一枚金光闪闪的团徽，单纯而又热情，工作上更是勤恳细致，给黄旭华留下了很深的印象。

　　而在李世英的眼里，黄旭华英俊洒脱、性格坚毅，还是名牌大学的毕业生，大学时代就参加了地下党，是一位"年轻的布尔什维克"。李世英对黄旭华心存敬慕。

　　可惜的是，两个人在港务局团委工作期间，虽然彼此都心存好感，却并没有机会吐露心声。黄旭华在港务局团委短暂地工作了一段时间，就奔赴新的工作岗位去了。在黄旭华离开后不久，李世英的人生也迎来了新的转机。

　　李世英读中学时就是一位优秀的学生，高中毕业后本来准备报考大学。当时新成立的市人民政府各个机关部门急需用人，就从高中毕业生里挑选了一批品学兼优的学生，直接分配到各个机关工作，李世英就是被选中的高中生之一。黄旭华离开港务局团委不久，组织上又把李世英选派到大连海运学院学习俄语。因为当时中苏关系密切，国家急需大批俄语翻译人才。

　　在大连学习了两年后，1954年夏天，李世英回到上海。也许是冥冥之中真有一种缘分存在，李世英被分配到船舶工业管理局

设计二处，担任俄语翻译。于是，李世英和黄旭华在新的岗位上意外重逢，再次成为同事。

这次夏天的重逢，让之前深深埋在彼此心中爱的种子，得到了萌发的机缘。他们一起工作，一起与苏联专家交流工作，也一起参加联欢舞会，一起在月光下散步……

"亲爱的朋友啊心连着心，我们有共同的美好理想……"

"一条小路曲曲弯弯细又长，一直通向迷雾的远方。我要沿着这条细长的小路，跟着我的爱人上战场……"

两颗年轻纯真的心，在《青年友谊圆舞曲》的舞步里，在《山楂树》和《小路》等苏联歌曲深情的旋律里，渐渐靠近了。

1956年4月29日，五一国际劳动节到来前夕，两个相亲相爱的人去民政部门领取了红色的结婚证，幸福地走到了一起。

虽然没有婚纱，也没有华丽的礼服，但是，在爱的光芒照耀下，新娘子像女神一样美丽。两个人哼着欢快的歌儿，把各自的生活物品搬到了单位分配的一间宿舍里，还买回一些喜糖和水果，邀请了同事，他们在朴素的新房里，举办了欢乐的舞会……

家虽小，但很温馨。一年后，1957年9月6日，他们的小宝贝降生了。这个孩子，就是他们的大女儿海燕。

爸爸给女儿取名"海燕"，可见他对大海情有独钟。或许，女儿的名字里，也寄托着他从童年时代起就有过的那个造大船的梦想。在爸爸的心目中,海燕就是大海的女儿。所以,在海燕刚学走路时,爸爸就给她穿上了漂亮的海魂衫……

黄旭华和李世英像燕子衔泥一样,筑起了一个温馨的小家,还有了自己的小燕子。可是,因为工作的需要,两个人又要劳燕分飞了。

黄旭华先是被调到设在北京的管理设计处工作了一段时间,1957年年底他回到上海,担任潜艇科科长。随着女儿一天天长大,黄旭华的工作也变得越来越神秘。

从海燕出生后第二年开始,黄旭华就时常会突然"失踪"好些日子,谁也不知道他去了哪里。有时候,连他身边的同事,都不知道在哪里能够找到他。也许,只有他的妻子李世英知道黄旭华去哪儿了。

当海燕渐渐懂事,追问爸爸在哪儿的时候,妈妈就会告诉她:"爸爸是'国家的人',爸爸去哪儿了,这是国家的秘密,比爸爸的生命更重要,我们都不要打听哟!"

一天又一天,一年又一年……海燕开始上学念书了。可是,有时候一连好几个月,海燕都见不到爸爸的身影,能见到的,只有相片上的爸爸。

迎春花、桃花、梨花都开了,爸爸没有回来;石榴花和荷花都开了,爸爸没有回来;金桂、银桂和丹桂也开了,爸爸还是没

有回来;下雪了,蜡梅和红梅也开了,爸爸仍然没有回来……

"妈妈,爸爸是不是'失踪'了?为什么这么久还不回家啊?"妈妈笑了笑,安慰海燕:"你不是很喜欢编童话故事吗?也许,你爸爸……已经变成了蓝鲸,游进深海里去了……"

"不,妈妈,我不要爸爸变成蓝鲸,我要爸爸!爸爸,快回来吧……"海燕以为爸爸真的变成了蓝鲸,哭着摇动着妈妈。妈妈紧紧地搂着女儿,在心里默默呼唤:"旭华,你一定要平安回来啊!"

在这以后的很多年里,黄旭华还是经常一出门就是几个月,甚至大半年都不能回家,真的像"失踪"了一样。美术课上,海燕最喜欢画的图画,就是爸爸变成了一头蓝鲸,和别的鱼群一起,在深深的海水里畅游……

那么,黄旭华到底去哪里了呢?

这要从1958年8月初的一天说起。这天早晨,黄旭华像往常一样走进单位大院,他看见一位熟悉的船舶工业管理局的领导,好像早就在那里等着他了。他和那位领导打了声招呼,领导神色庄重地说道:"旭华,组织上派你再出一次差,去趟北京。"

"不是刚回来没几天吗?我手上还压着好多工作。"

"把手上的事情先放一放,今天就动身。"

"去几天呢?具体有什么任务?"

"不要问,问我,我也不知道。"

黄旭华明白,当时他们二处负责的主要工作,就是高度保密的潜艇转让仿制任务。多年来,他早已养成了保密的习惯。此时听领导这么一说,他不再询问,赶紧回家和李世英说了一句:"又要去北京出差了,海燕又得靠你一个人照看了。"

他连行李也来不及仔细收拾,就急匆匆地直奔车站。

十六 "失踪"的人

此刻,他心里虽然时常惦记着匆匆别过的妻子李世英,还有年幼的女儿海燕,却也暂时无法告诉妻子,为什么他一到北京就再也不回上海了。他只是简单地说了一句,因为工作需要。

1958年前后，世界被笼罩在浓重的"冷战"阴影里，苏联和美国两个超级大国妄图进行核垄断；英国、法国等西方国家也在核武器研制上暗暗较劲，你追我赶，各有各的招数。

在这种国际形势下，新中国的最高领导层审时度势，高瞻远瞩，果断地做出了英明决策：倾全国之力，发展我们自己的核事业！用当时一位开国老帅的话说，就是全国人民"勒紧裤腰带"，也要把我们自己的原子弹和氢弹制造出来！

于是，一大批科学家、解放军官兵、工程技术人员，悄悄进入大西北的荒原深处，开始铸造共和国坚固"核盾"的伟大事业。

在原子弹、氢弹这些大国重器工程开启之后，核潜艇工程的宏伟蓝图，也徐徐展开。

毫无疑问，核潜艇也是至关重要的国防利器。在20世纪50年代，世界核潜艇技术和成果，主要集中在苏联和美国两个超级大国那里。1954年1月，美国第一艘核潜艇"鹦鹉螺"号试航成功后开始服役。这是世界上第一艘核潜艇。1957年，苏联第一艘核潜艇"列宁共青团"号，首航成功后开始交付海军；1958年，美国的核潜艇在北极的冰层下完成了航行；紧接着，美国的一艘新的核潜艇"海神"号，完成了第一次水下环球航行……

面对妄图达到"核垄断"目的的超级大国的威胁与压力，毛泽东主席痛下决心："核潜艇，一万年也要搞出来！"

十六 "失踪"的人

1958年7月,经党中央、国务院批准,中国核潜艇研制工程悄悄拉开了神秘的帷幕。一个月后,我国第一个核潜艇总体建造厂项目也正式上马……

因此,1958年被称为中国核潜艇历史的元年。

核潜艇研制,从决策、组织和领导,到工程实施中的每一个环节,都是国家重大机密。

核潜艇工程正式立项后,立刻在全国范围内物色政治上可靠、专业技术上过硬的科研和工程技术人员。

那天早晨,局领导通知黄旭华立刻到北京出差,就是到核潜艇工程总体设计组报到。

1958年8月的一天,黄旭华走进位于北京公主坟的海军大院,找到坐落在大院西南角的一座僻静的三层小楼,一位政委同志神色严肃、言简意赅地对黄旭华交代了三条指示。经过了漫长的岁月后,黄旭华回忆起当时的一幕,仍然清晰地记得这三条掷地有声的指示:

一是"你被选中了,说明党和国家信任你";二是"这项工作保密性强,这个工作领域进去了就出不来,犯了错误也出不来,出来了就泄露了";三是"一辈子出不了名,当无名英雄"。

黄旭华听了,心里既紧张又万分激动,那一瞬间,他觉得自己手心都攥出了汗水。

这个总体设计组，最初是由海军方面的军事代表，加上船舶工业管理局系统选调出来的专业技术人员组成。根据专业特点，又分为船体组、动力组、电气组三个专业小组。黄旭华被分在船体组。1959年，船体组改为船体科，黄旭华被任命为副科长。

因为核潜艇工程是一个绝密的国家工程，总体设计组向全体人员宣布了严格的保密纪律：不能对任何人透露自己的工作单位、工作内容、工作性质等信息，要做到"上不告父母，下不告妻儿"。

北京的秋夜，已经有点冷清。繁星高悬，好像是无声的眼睛，正默默审视着、观察着黄旭华的心理变化。

是的，在人生的道路上，黄旭华又面临着一次严峻和庄重的抉择。进入海军大院，听政委交代完任务之后的第一个夜晚，黄旭华一点睡意也没有。他的心里有激动，也有一点紧张和不安；有自豪，也有一丝犹豫。

激动和自豪容易理解，毕竟这是一项极其神圣的"国家使命"，党和国家信任他，把他从众人中挑选出来，赋予他这项使命，哪能不激动、不自豪呢？可是，为什么还会有点紧张和犹豫呢？为什么感到不安呢？

黄旭华独自在小屋里，在这个夜色渐深的秋夜里，翻来覆去地想了许久。他一下子也说不清楚，自己在紧张和犹豫什么。难道是被谈话中说的严格的保密纪律给吓住了？难道是担心自己无法承受"上不告父母,下不告妻儿"的党性原则?

哦,不,不!大学时代,在反对国民党反动派的斗争中,在黎明到来前那些危机四伏的暗夜里,他与那些追求光明、真理和进步的同学们都丝毫没有害怕、退缩,现在,已经扬眉吐气地在为自己所热爱的新中国、为自己所热爱的党的事业奋斗和工作了,还有什么可犹豫的?还有什么可紧张不安呢?

这个夜晚,他的思绪变得十分活跃。他一会儿想到自己从青年时代起就熟知的马克思关于理想和职业选择的那段名言:"如果我们选择了最能为人类福利而劳动的职业,那么,重担就不能把我们压倒,因为这是为大家而献身……"一会儿又想到自己曾经在交通大学的营火晚会上,满怀激情朗读过的俄国作家屠格涅夫的散文诗《门槛》……

《门槛》是屠格涅夫献给一位年轻的、舍生取义的女革命家的,是一篇对灵魂、信仰和意志的审视与"拷问"之作。

……

"啊,你要跨进这道门槛来,想做什么?你知道有什么在等着你?"

"我知道。"姑娘这样回答。

"寒冷,饥饿,憎恨,嘲笑,蔑视,侮辱,监狱,疾病,

甚至于死亡？"

"我知道。"

"跟人们疏远，完全的孤独？"

"我知道。……我准备好了。我要忍受一切的痛苦，一切的打击。"

"这些痛苦，这些打击，不仅来自你的敌人，而且来自你的亲戚，你的朋友？"

"是，……就是从他们那里来的，我也要忍受。"

"好，你准备牺牲吗？"

"是。"

"你准备无名的牺牲吗？你会灭亡——没有一个人……甚至没有一个人会尊敬地怀念你……"

"我不要人感激，不要人怜悯。我也不需要名声。"

……

黄旭华在心里默默念着他还能背诵出来的一些语句。有的句子他已记不那么确切了，但是这最严苛、最醒目的几句话，他从来也没有忘记过。

这篇散文诗结尾这样写道：

"进来吧！"

十六 "失踪"的人

  姑娘跨进了门槛。厚厚的门帘立刻放下来遮住了她。

  这意味着,这位年轻的革命者朝着自己所选定的理想和信仰,义无反顾地、坚定地走去,不再有任何退路!

  黄旭华觉得,自己面对的也是这样一道庄严的、崇高的"门槛"。他也必须像这位年轻的、勇敢的革命者一样,做出明确的抉择:坚定地跨进这道门槛,不奢望任何理解和退路。

  是的,就在北京的这个秋夜里,在满天灿烂的繁星之下,他暗暗下定决心,为了共和国的核潜艇事业,为了中华民族的崛起与强大,哪怕将来要远离亲人,要"隐姓埋名"一辈子,他也在所不辞,义无反顾!

  "……那时我们所感到的就不是可怜的、有限的、自私的乐趣,我们的幸福将属于千百万人,我们的事业将默默地、但是永恒发挥作用地存在下去,而面对我们的骨灰,高尚的人们将洒下热泪。"

  就这样,在万籁俱寂的深夜里,他的思绪一会儿停留在屠格涅夫《门槛》的句子里,一会儿又跳跃到马克思的名言上……他的思绪渐渐变得清晰、明朗、坚定。

  自从黄旭华进入海军大院的那座小楼,就再也没有回家,直接留在北京开始了新的工作。他们这个小组与海军大院里任何机关单位都不来往。出入大院的人大都穿着海军军装,只有他们这些"身份不明"的人，随意穿着便装，一个个不声不响地来来去去，谁也猜不出这些人是干什么的。

黄旭华有过仿制苏式常规潜艇的经验，出色的专业能力自然不在话下。此刻，他心里虽然时常惦记着匆匆别过的妻子李世英，还有年幼的女儿海燕，却也暂时无法告诉妻子，为什么他一到北京就再也不回上海了。他只是简单地说了一句，因为工作需要。

在后来的日子里，他极少跟广东老家的亲人们联系。偶尔收到一两封兄弟和妹妹的来信，问及他的工作状况，他也只是说句工作挺忙，就搪塞过去了。他在北京的通信地址，是一串邮箱数字，谁也不知道这是什么地点、什么单位。

一个月后，这些来自各地的年轻的技术人员，开始了白手起家、从无到有的攻关。黄旭华后来这样回忆说："一开始，大家都以为把核反应堆安到常规潜艇上，就是核潜艇了。后来发现，完全不是这么回事。怎么办呢？大家就想从国外的报刊里找相关资料，用大海捞针的方式拼出美国核潜艇的总体布局，但拼出来的设计图靠不靠谱谁也不敢肯定。"他们心里都明白，对任何国家来说，关于核潜艇技术一点一滴的资料，都是核心机密，想拿到一点现成的技术资料，那是完全不可能的。

一个偶然的机会，黄旭华他们找到了一份特殊的纪念品——两个美国"华盛顿"号核潜艇玩具模型。大家如获至宝，小心翼翼地拆解、分装了一次又一次，没想到还真有了一点收获。他们发现，这个玩具模型的构造，跟此前靠着推演"拼"出的设计图基本一致。这个发现虽然没有多大实际意义，却也让他们高兴了好一阵子，这说明他们对于核潜艇的认识和设计思路是正确的。

从 1959 年到 1960 年年初，黄旭华获得总体设计组批准，开始了独自一人的神秘"单飞"。在后来解密的一些资料里，这段时间总体设计组在北京的工作中，基本找不到黄旭华的名字和身影。他去了哪里？

原来，当时总体设计组交给黄旭华的一个主要任务，是寻找试验水池。船体总体结构设计中所涉及的关键技术需要进行水中试验，以便及时验证设计的科学性和合理性。

于是，黄旭华就像一只悄无声息的孤雁，在北京和上海之间，开始了秘密飞行。

黄旭华后来不无幽默地说，这段时间的"单飞"任务，对他而言简直就是一次"运气的组合"。总体设计组把寻找试验水池的任务交给了他，恰好，只有他的母校才有全国唯一的试验水池；对总体设计组其他人员来说，去上海算是出差，而对他来说，恰好就是回家。因此，在 1959 年，已经"失踪"了很久的黄旭华，又突然出现在妻子和女儿面前。

但黄旭华不可能经常待在家里。有时候，女儿海燕刚刚沉浸在爸爸回来的幸福中，甜甜地睡着了，他又悄悄起身出门了。

在妻子李世英的记忆里，那段时间，黄旭华来无影、去无踪，虽然人在上海，但跟他在北京工作时没有什么两样。海燕还是好多日子既看不到爸爸的身影，也听不见爸爸的声音。

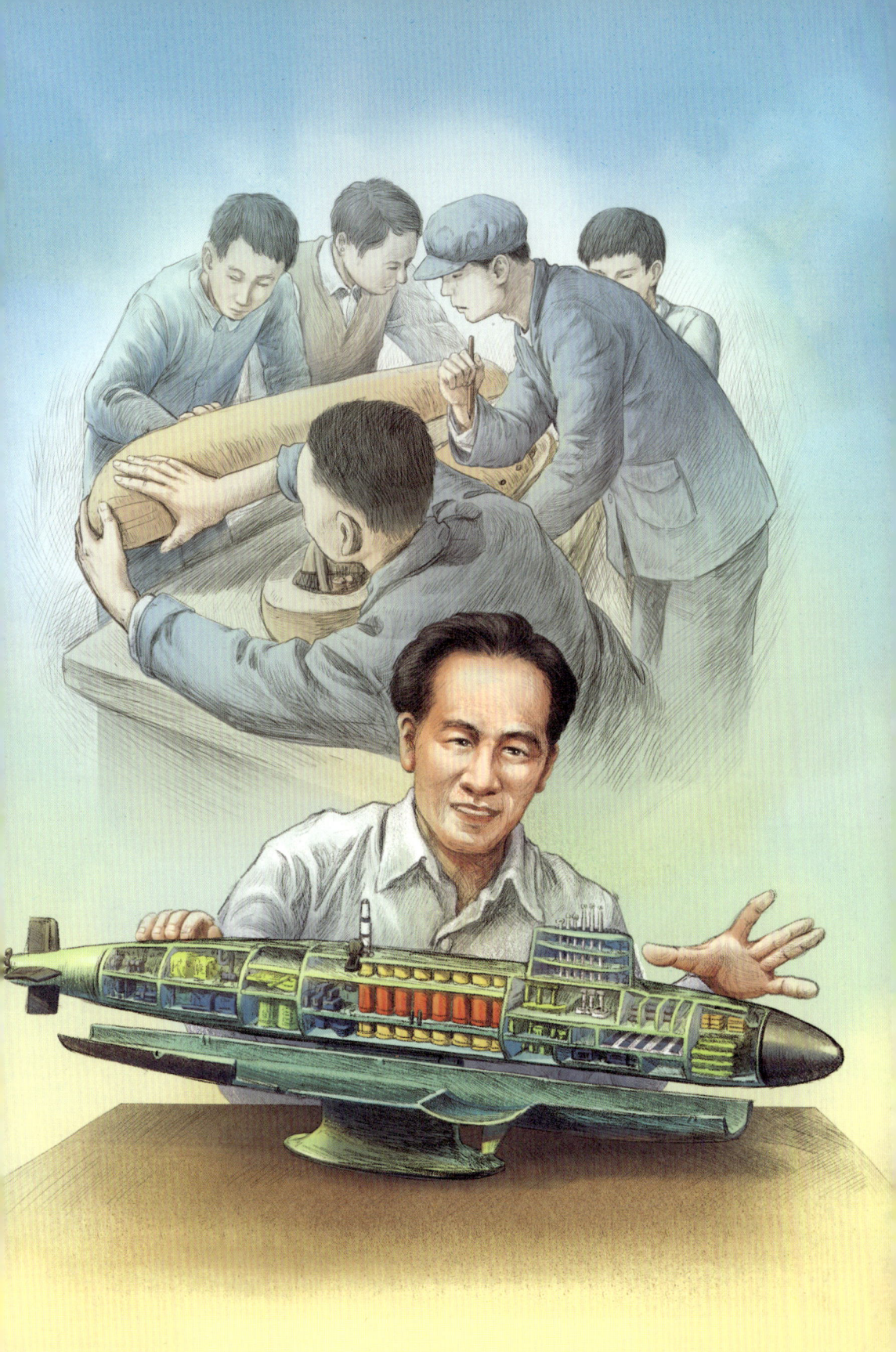

十七　搁浅的大船

"天将降大任于是人"，同时也让他饱尝了上下求索，却空手而归的挫败感和失落感。一次次的失败和失望接踵而至，好像是上天在故意考验他内心的坚韧，在考验他的信心。

"在科学上没有平坦的大道,只有不畏劳苦沿着陡峭山路攀登的人,才有希望达到光辉的顶点。"这是大家耳熟能详的马克思的名言。如果说,中国的核潜艇工程是一艘神秘的大船,那么,它在启碇之初的那些年里,一直行驶在起伏不定的波涛之上,可谓浪打船头,一波三折。

单单是设想核潜艇的下水时间,有关部门就曾反复研究,以实事求是的心态,考虑到当时我国在这个领域里的研究基础和技术攻关能力,一改再改。原计划是核潜艇争取在1961年国庆节前下水,后来推迟到1963年,最后,根据实际情况再次调整,把下水时间推迟到1965年之后。

仅从三改下水时间这件事上,就不难想象,核潜艇工程前行的路,是多么艰辛和曲折!

孟子曰:"……天将降大任于是人也,必先苦其心志,劳其筋骨,饿其体肤,空乏其身,行拂乱其所为,所以动心忍性,曾益其所不能。"大意是说,当上天要把一个艰巨的重任交给某个人来担当的时候,一定要先使他的内心承受痛苦,使他的筋骨承受劳累,使他的身体忍受饥饿,使他的身心经受贫穷和困顿,甚至他还可能多次经受挫折和失败,所有这些,都能让他的心志得到历练,让他的性格变得更加坚韧,增加他本来不具备的能力,让他能够克服重重困难,不断前行。

现在，黄旭华就处在这种状态里。"天将降大任于是人"，同时也让他饱尝了上下求索，却空手而归的挫败感和失落感。一次次的失败和失望接踵而至，好像是上天在故意考验他内心的坚韧，在考验他的信心。

黄旭华后来回忆说，1959年到1960年这段时间里，他几乎都在"泡水池"。他的母校交通大学有个试验水池，但还没有完工。核潜艇的试验水池有其独特的要求，和一般的舰艇并不一样，所以，这个时候他的工作，一方面是要把核潜艇的具体需要融入试验水池的设计和建造里，另一方面，还要同时着手核潜艇水池试验方案、试验模型、试验方法的制定。

此时，中国在这个领域里尚处空白。出于保密考虑，不可能让更多的人参与进来，所以，黄旭华带着几个年轻人，几乎白手起家，从零开始。他幻想着他们能尽快创造出奇迹。但他也深知，他们的工作就像推着巨石上山一样艰难。

这几个年轻人中：一位名叫崔继纲；一位名叫单海扬，当时是交通大学一名大四学生；还有一位名叫钱凌白。钱凌白的父亲钱俊瑞，原是新四军的老干部，后来担任过教育部副部长、文化部副部长，是一位教育家和经济学家。在这个核潜艇水动力性能小组里，黄旭华最器重钱凌白，他毕业于苏联列宁格勒造船学院，脑子灵、肯钻研，工作十分认真。后来黄旭华等人提议，让钱凌白担任了水动力性能组副组长。

经过慢慢摸索和一点一滴经验积累,这个小组在水池试验上取得了一些成果,也总结出一套比较规范的流程。但黄旭华明白,这仅仅是迈出的一小步。

当时,中国人对核潜艇的认知实在是太有限了。前面说到过,黄旭华等人细心研究了各种资料,甚至拆装了两个美国核潜艇玩具模型,试图从中找到一点门道。

核潜艇的稳定性至关重要。太重,容易下沉;太轻,又潜不下去;重心斜了,还容易侧翻。所以,对每一个设计数据的计算,都必须做到精确无误。但当时,黄旭华他们连一台手摇计算机都没有,大量数据的计算,只能依靠古老的算盘和简易的计算尺。

黄旭华当时天天使用的一只算盘,还是夫人李世英的母亲赠送给他的,上面镌刻着"旭华"二字。

1961年6月,核潜艇工程研究室改变建制,正式并入国防部舰艇研究院。不久,国防部舰艇研究院正式列入军队编制,建制归在中国人民解放军海军。

在核潜艇早期研制中,无论是专业攻关能力,还是团队领导能力,黄旭华都表现得相当过硬,所以,几个月后的1961年11月14日,他接到了中国人民解放军海军司令员萧劲光、政委苏振华两位首长亲笔签署的一份《中国人民解放军海军任命书》,黄旭

十七 搁浅的大船

华被任命为核潜艇工程副总工程师。自此,黄旭华由一位专业研究骨干,走上了核潜艇研制的重要领导岗位,开始全面组织、协调核潜艇的总体设计及其技术配套工作。

就在这时,广东老家发来一份电报:黄旭华的父亲病危,家人希望旭华能尽快赶回老家,看父亲最后一眼。

拿着电报黄旭华心如刀绞。他明白,从抗战时期他独自踏上颠沛流离的求学之路开始,父亲就一直为他担忧,父亲一生最牵挂、最疼爱的人,就是他这个老三……

可是此时,黄旭华刚刚被任命为核潜艇工程副总工程师,诸多工作压在他的肩头,使他无法分身。而更难向母亲、兄弟和妹妹说明白的一个原因是:他的工作保密纪律十分严格。他无法解释,一解释,就意味着泄密;甚至这时候他只要外出,就得背负起可能泄密的责任。

1961 年 12 月 14 日,当又一封告知父亲逝世的电报送到他手上时,黄旭华只能躲到一

处没人的地方，含着泪水，朝着南方老家的方向，默默地三鞠躬送别远行的父亲。

"父亲，您老人家一路走好，旭华不孝啊……"他在心里悲痛地说道。

父亲一生最牵挂、最疼爱的就是老三旭华，可是，直到父亲临终前，也没能盼到旭华回来看上一眼。这件事，不仅成了黄旭华一生的愧疚和心中永远的痛，在相当长的日子里，兄弟和妹妹因为不明真相，都对老三的"不近人情"无法原谅和释怀。

倒是黄旭华的母亲，一直坚信自己的三儿绝不是不孝薄情的孩子。老母亲深明大义，不断用"自古忠孝不能两全"来开导对老三心生不满的兄弟和妹妹，说："你们要理解旭华，他在外面为国家工作，不能回家来，一定是有什么难言的苦衷，你们都不要埋怨他了……"

黄旭华无法做任何解释，只能把这一切都默默地背负在身上，埋藏在心里，继续负重前行。

1962年3月，经过黄旭华等人三年多的艰苦摸索，他们完成了一份《原子导弹潜艇初步设计基本方案（初稿）》。这份报告比较详细地规划了弹道导弹核潜艇的总体设计方案，也为下一步的研究工作指出了清晰的方向。

在这个春天里，黄旭华他们悄然迁出海军大院，搬到了北太平庄铁道学院的一栋楼房里。

经上级批准，黄旭华的夫人李世英和他日夜想念的女儿海燕，都从上海搬来了北京，一家三口，终于团聚在一起。

北方人喜欢称呼小姑娘为"小妮儿"。有一天，黄旭华笑着对海燕说："爸爸给你改一个有北京特色的名字，好不好呀？"

于是，海燕的名字改为"燕妮"。

"燕妮这个名字很不错哟！"妈妈告诉海燕，"北京处于燕地，这个名字有北京小姑娘的特色。"

"还有，世界伟人马克思的夫人的名字，中文译名不就是'燕妮'吗？"黄旭华哈哈大笑着说。

李世英擅长翻译，调到北京后，组织上安排她参与核潜艇工程的资料收集、整理和翻译工作。这时候，她才终于明白，丈夫黄旭华一直神神秘秘从事的是什么工作。

1962年的早春，护城河上的冰层悄悄融化了，红梅吐艳，金色的报春花在青条上默默绽开，迎接着美丽的春姑娘来到人间……

就在这时，刚刚起步不久的核潜艇工程，遇到了重大的挫折。随着工作的推进，在种种艰苦甚至简陋的条件下，核潜艇工程越来越暴露出一个不容回避的现实问题：在学术资料奇缺、技术条件严重不足、各种辅助条件也没有跟上的状况下，从科学和理性的角度看，核潜艇工程几乎是一个"不可能完成"的任务。

中央高层和有关部门经过慎重研究和考虑，做出了一个忍痛割爱的决定：留下一批核心人员继续研究这个项目，其他人员全部分流到别的设计和研究机构。也就是说，中国核潜艇研制这艘大船，因为条件限制，宣布暂时搁浅。

消息一传来，像是在早春时节遭遇了一场突如其来的倒春寒，黄旭华心里痛苦了好多天，一连几个晚上都辗转反侧，难以入眠。

对这样一个结果，黄旭华当然也有一定的心理准备。痛定思痛之后，他觉得，高层的这个决定，是实事求是的。他必须接受这个现实。此刻，他思虑得更多的，是下一步他该怎么走。他梦想的翅膀，难道就要这样折断了吗？

十八 重启征程

而这期间,黄旭华在哪里呢?其实,他一直没有离开过这艘大船。他像一位忠诚的船长,一直守望在这艘大船的甲板上,时刻等待着重新启碇的日子。

进入 20 世纪 60 年代后，世界科学技术突飞猛进，各个领域的科学巨人星光闪耀，交相辉映；令人惊叹的科技发明成果不断问世。就连美国著名原子物理学大师奥本海默，也禁不住激动地赞叹——这是一个无与伦比的创造的时代！

1960 年，美国一位海军士兵陪同瑞士著名探险家、发明家雅克·皮卡德，乘着一艘深海潜艇"的里雅斯特"号，在马里亚纳群岛附近下潜超过 10000 米，创下了当时最深潜水纪录；1961 年，苏联宇航员加加林乘坐东方 1 号飞船进入太空；这一年，美国宇航员艾伦·谢泼德也开始了他的宇宙首航；1963 年，另一位美国宇航员驾驶宇宙飞船，环绕地球进行轨道飞行 22 圈；1964 年，从肯尼迪航天中心发射的漫游者 7 号向地面发回了当时在最近距离内对月球表面拍摄的照片……

而中国，科技界的英雄儿女们，艰苦奋斗自强不息，也不断创造出了震惊世界的奇迹。1964 年 6 月，中国自行设计的中近程导弹，在经历了一次发射失败后，总结教训，找到了问题的症结，重新修改设计，终于成功完成了飞行试验；1964 年 10 月中国第一颗原子弹爆炸成功。这朵"蘑菇云"的横空出世，打破了超级大国的核垄断和对中国的核讹诈，让中国一举成为世界上第五个拥有核武器的国家；三年后的 1967 年 6 月，中国第一颗氢弹空爆试验成功，再次震惊了全世界……

十八　重启征程

中央高层最初确定的大国重器是"两弹一艇"。核潜艇研制工程因为种种原因搁浅之后,"两弹一星"取代了"两弹一艇"。

1964年年底,"两弹"研制成功,整个国家也度过了困难时期,经济形势有所好转。在这种局势下,国家重新部署决定:核潜艇研制这艘大船再次启碇,重新踏上从蓝图向深海的征程……

而这期间,黄旭华在哪里呢?其实,他一直没有离开过这艘大船。他像一位忠诚的船长,一直守望在这艘大船的甲板上,时刻等待着重新启碇的日子。

让我们简单回顾一下:1962年年底,根据中央高层的决策,核潜艇工程大批工作人员分流到了其他科研单位,只留下少数核心技术骨干和研究人员值守,保持对核动力以及核潜艇总体设计等关键技术的持续研究。黄旭华就是这少数留下来、近乎火种一般的核心人员之一。

1963年10月,经过中央专委批准,核潜艇工程研究室和另外两个机构合并,组建了一个新的潜艇原子能动力工程研究所,代号为715所。全所拥有160多名科学技术人员,周圣洋担任副所长,彭士禄、黄旭华任副总工程师。

当时,715所之所以没有设总工程师,是因为总工程师必须要达到专业四级,即"教授级"的高级工程师。但彭士禄、黄旭华当时的技术职称都还没有达到这个级别。黄旭华后来说过,彭士禄和他被任命为副总工程师,已算是破格任命了。

此后,经中央军委、国防部批准,715所整体加入了中国人民解放军序列。黄旭华等作为科学技术人员集体入伍。这一年的1月6日,黄旭华被授予中国人民解放军技术少校军衔。

1965年早春时节,当斗霜傲雪的红梅再度吐艳的时候,由黄旭华、钱凌白、尤子平、陈发金四人共同起草的关于恢复研制核潜艇的详细报告,送到了二机部、六机部领导的手中,接着又被送到国防工办、中央专委。

3月20日,日理万机的周恩来总理,亲自主持召开中央专委会议。会议批准了二机部、六机部送来的那份报告。至此,核潜艇重新列入国家计划,核潜艇研制工作全面启动。这是一个被写进中国核潜艇研制历史的日子。中国核潜艇研制工程的大船,在经历了数年的搁浅之后,终于重新起航,破浪前行了……

1965年4月,715所被划归二机部研究设计院,作为该院的第二分部,对外称为北京15所。

1965年5月,原本设立在渤海湾葫芦岛上的核潜艇总体建造厂,在停工数年后,恢复了建设施工。黄旭华和同事们的阵地,从北京城里悄然转移到这个远离人烟的葫芦岛上……

一个月后,以715所潜艇总体科与国防部七院原有的701所2室,即导弹常规动力潜艇总体研究室为核心,又组建了核潜艇总体研究所，代号为719所，夏桐为第一任所长，宋文荣、王诚善是副所长，黄旭华、尤子平二人任副总工程师。

1965年8月15日，周恩来总理主持召开中央专委会议。这次会议中央下达了几项明确的指示：一是明确了核潜艇的研制步骤以及第一艘核潜艇的研制、设计、制造的"三原则"；二是明确了第一艘核潜艇在1972年下水试航的目标；三是全面部署了核潜艇工程的各项配套工作。

后来，黄旭华和同事们把中央专委召开的这次会议，称为"中国核潜艇发展史上的转折点和里程碑"。

中国的核潜艇在设计之初，究竟采用什么外形——专业术语叫"线型"，曾有过激烈的争论。有的认为，应该做成常规线型；有的认为，应该做成水滴线型，即水滴的形状；还有的认为，应该做成"鲸型"。做成什么样的外形，这关系到核潜艇能不能跑得快，跑起来的时候动静会有多大等问题。毫无疑问，只有航行速度快，噪声小的核潜艇，才能更快速、更有力地打击敌人，同时又要具有较强的隐蔽性，不易被敌人发现。

当时，世界上最先进的核潜艇，公认的是水滴线型，摩擦阻力小，水下机动性和稳定性也好。黄旭华和同事们经过研究认为，水滴线型艇体研制难度虽大，却也是最科学的，所以，他们大部分人一开始就瞄准了水滴线型艇体。

但是,坚持要做成常规线型的一些人认为,在核潜艇研制方面,美国人已经取得了一些经验,他们是分成三步走的:第一步是建造一艘水滴线型常规动力潜艇;第二步是把核动力装置装在常规线型的潜艇上;最后一步才是把水滴线型应用到核动力潜艇上。

对此,黄旭华坚定自信地认为,我们要做就一步到位,做世界上最先进的水滴线型核潜艇。

但毕竟中国从来没造过这种形态的潜艇,没有任何经验,同事之间的争议也很多。在经过几番争论之后,大家达成共识:中国的第一艘核潜艇,采用世界上最先进的水滴线型艇身外形。

为了验证自己的设计是否合理,水滴线型是否有预想中的优点,黄旭华他们特意做了一个能航行的、只有25米长的缩小版的潜艇模型,放置在海水里试航,接着他们又造了一艘艇身为1∶1的木制潜艇模型,进行各种试验。

当时,国外的资料可以大胆放心借鉴的,实在不多。用黄旭华的话说,就是偶尔找到一点资料,也必须拿着"放大镜"去仔细鉴别,小心求证。为什么要拿着"放大镜"去鉴别呢?因为那些资料有真有假,甚至可能还有误导的成分。

有一次,黄旭华无意中看到一篇文章,其中说道,为了保证水下导弹发射的命中率,核潜艇对自身的平稳度要求很高,需要装置一个类似稳定器的东西。看到这里,黄旭华如获至宝,高兴得连饭都顾不得吃了，连夜开始研究这个问题。

对这个细节，文章里描述得比较具体：弹道导弹核潜艇里有一个 65 吨重的大陀螺，以保证潜艇在发射导弹时，能够保持稳定。

但是，这么大的陀螺，当时我国根本就生产不了。这将给中国的核潜艇工程又增加一项艰难的攻关项目。

65 吨重的一个铁家伙，一旦装进潜艇，那得需要多大的舱位，得占用多少宝贵的黄金空间？

黄旭华在心里画了一个大大的问号。做设计时，他经过思考和研究，结合从试验中得到的大量数据，最终断定：这个所谓 65 吨重的陀螺其实没有任何必要。

那么，这个大陀螺到底是装还是不装呢？如果真的是一个可有可无的东西，那还好说；可是，如果真的需要它呢？假如不装这个玩意儿，万一导弹发射时潜艇失去了平衡，射不中目标，甚至翻了艇身，谁负得起这个责任？

这个责任，可是比千钧重担还要重呢！

当时，同事们对这个问题争论很大。最终，黄旭华掷地有声地说道："我们不必完全照着葫芦去画瓢，既然我们的试验数据已经证明这个东西是多余的，那我们就完全可以不去装它。这个方案，我来承担责任。"

事后证明，这个所谓能起到稳定作用的陀螺，就是为误导其

他潜艇设计者而有意设置的,是一种"障眼法",一颗"烟幕弹"。幸运的是,黄旭华设计团队的火眼金睛识破了它,最终没有吃亏上当。

核潜艇分为两种:一种是攻击型核潜艇,只带鱼雷和短程导弹,主要任务是打击敌舰和近海地面目标,尤其是敌方的核潜艇和航空母舰;另一种是弹道导弹核潜艇,它们个头大,可携带多枚远程核导弹,可以进行二次核打击,也就是可以和敌方进行真正的核大战。

黄旭华和他的同事们,在这两种核潜艇上,又将准备怎样选择和设计呢?

十九 乘风破浪

美丽的海螺,像不像海洋丢失的一只只耳朵?当你把自己的耳朵贴近那些"耳朵"时,能听到一片嗡嗡嗡的声音,好像是大海在说话。

从很早的时候起,人类就在苦苦探索和发明可以在空中飞行的器物,同时也在不断探索和发明能在水下行驶的东西。

荷兰发明家、物理学家德雷贝尔,被公认是"世界潜艇之父"。世界上第一艘"潜艇",是德雷贝尔在1620年至1624年间研制成功并进行试验的。严格地说,他研制出来的并非一艘真正的"潜艇",只是现代潜艇的雏形。

这个天生具有冒险精神的荷兰人,先是制作了一艘木制框架、外面包有皮革的小艇,皮革上涂了一层防水的油蜡,艇内有一只大羊皮囊。给这个皮囊里注满水,小艇就会下沉;当把羊皮囊里的水排出后,整个艇身就又浮上了水面。小艇上设置了桨孔,可以由12名水手坐在里面划着桨行进。

这艘小艇第一次进行下水试验时,成功地"潜航"了2小时。因此,后人认为这是世界上第一艘人力潜艇,也是现代潜艇的雏形。

100多年之后,到了1776年,在美国独立战争中,潜艇第一次进入"战场"。美国有一个名叫布什内尔的年轻人,他研制了一种"潜水船",这是世界潜艇发展史上著名的"海龟"号。

"海龟"号艇身的上部,装有两根通气管,上浮时可以打开,下潜时可以关闭,起到给艇内补充新鲜空气的作用。一次补充,艇内的空气可供驾驶员呼吸半小时。

为了控制潜艇的下潜和上浮,艇内设置了水舱,用手泵控制水量。艇内装有一块铁块，如果出现紧急情况，可以随时抛出舱外，失去了铁块的重量，潜艇就可以迅速浮出水面。"海龟"号航行的水平方向和垂直方向，靠两个手摇螺旋桨来控制。布什内尔还在艇身外面挂了一个炸药包作为携带的武器。准备攻击对方时，就要想办法接近对方的船舰，再把这个炸药包挂在对方的船体上。

1776 年，一个美国水兵驾驶着这艘"海龟"号潜艇，神不知鬼不觉地驶近停泊在纽约港的一艘英国舰船"鹰"号。不过，这个水兵勇气有余智谋不足，虽然是靠近了英国舰船，但他最终没能找到把炸药包固定到"鹰"号上的办法。

因为"海龟"号艇内空气只能维持 30 分钟，这个水兵也不能在此久留，只好仓皇返回。虽然白白忙活了一场，英舰毫发未损，但这是世界上首次使用潜艇攻击的一个尝试。

1863 年，法国研制出一艘名为"潜水员"号的潜艇。这艘潜艇的先进之处，在于用装在压缩空气瓶内的空气来推动活塞式发动机作为航行的动力。这是世界上第一艘机械动力潜艇。

1881 年，一个名叫霍兰的爱尔兰人，发明和制造出一艘名为霍兰2号的潜艇。这艘潜艇装有一台汽油内燃机，后来人们公认这是世界上第一艘以内燃机为动力的潜艇。

进入 20 世纪，在 1954 年，隶属美国海军的"鹦鹉螺"号核潜艇问世了。"鹦鹉螺"号核潜艇开创了世界上首次在潜艇上应用

核动力的先河,从此,世界潜艇发展史进入了一个新的纪元。

为什么会出现"核潜艇"呢?

原来,在两次世界大战中,潜艇毫无疑问发挥了巨大的作用。但也暴露了一些问题:常规潜艇在水下航行时,都是靠蓄电池供电来推进。蓄电池的能量一旦消耗得差不多了,潜艇就必须浮出水面充电,这时候,浮出水面的潜艇很可能就会成为海上炮舰的"活靶子",作为潜艇最大优点的隐蔽性,就不存在了。还有一个问题,用电力作动力,潜艇的航速起不来,续航力不足,作战能力就会削弱。

在这种情况下,美国海军上将、核动力科学家里科弗,经过反复研究,大胆提出了把"航程无限"的核能与"隐蔽出击"的潜艇相结合的设想……

于是,美国海军把核动力计划的第一步,放在了潜艇上。

1951年7月,经美国国会批准,授权里科弗建造第一艘核潜艇。三年之后,在1954年,世界第一艘核潜艇问世。

1954年9月,"鹦鹉螺"号核潜艇开始服役。后来,经过"鹦鹉螺"号的水下航行试验证明,核潜艇耗能极低,三年后才第一次更换燃料棒,而且第一次更换燃料棒时,"鹦鹉螺"号的总航程已超过60000海里(1海里=1.852千米),仅仅消耗了几千克的铀。

"鹦鹉螺"号核潜艇结束服役之后成为一处固定的"历史古迹"。2002年,它的舰体被改造成一座"潜艇历史博物馆",对公众开放,以此纪念它为世界核潜艇发展做出的贡献。

对一般公众来说,无论是常规潜艇还是核潜艇,都非常神秘,因为技术保密等原因,对它们的认识,一直以来也缺少必要的科普。

对常规潜艇与核潜艇的区别,黄旭华有过一番通俗易懂、生动形象的描述。他说:"常规潜艇就好比是一个人在游水时,憋足了一口气,一个猛子扎下去,用力往前游动。常规潜艇使用的是蓄电池,全速航行1小时后,就需要浮出来透口气,充一下电。这跟潜泳的人浮上来吸一口气、跟鲸定时浮出水面换气,道理是一样的。核潜艇就完全不一样了。核潜艇可以潜在海水下面几个月,甚至在水下周游海底世界。如果再配备上洲际导弹,配备上核弹头,不仅有第一次打击力量,还会有第二次核反击能力。因此,核潜艇是一种具有足够威慑力量的战略性武器。"他十分认同英国人爱德华·霍顿(《潜艇发展史》的作者)的一个观点:核潜艇是"世界和平的捍卫者"。

核潜艇分攻击型核潜艇、弹道导弹核潜艇两种。中国的核潜艇工程,先是研制攻击型核潜艇,黄旭华是主要设计者;后来又开始研制弹道导弹核潜艇,黄旭华仍然是主要设计者。

攻击型核潜艇首艇舰身,究竟是采用水滴线型,还是采用常规线型,在经过了核心设计层长时间的争论之后,于1966年12月尘埃落定。这一天,首艇的水滴线型设计方案,经由当时国防科工委的主要负责人、也是我国核潜艇研制最初的倡导者和决策者聂荣臻元帅，上报给中央军委和中央专委。

12月22日，中央专委正式批准了黄旭华等提出的水滴线型攻击型核潜艇首艇的设计方案，并明确要求：第一艘核潜艇，1970年下水试验。

辽阔的海洋里，幽蓝的海水深处，隐藏着地球上无数的秘密，每天也在上演着一些不为人类所知的故事。

比如说，清晨当你在海边散步时，也许会捡到一些空空的、精巧的海螺。美丽的海螺，像不像海洋丢失的一只只耳朵？当你把自己的耳朵贴近那些"耳朵"时，能听到一片嗡嗡嗡的声音，好像是大海在说话。它们想向你讲述什么故事呢？它们会不会是在等待你、邀请你，去大海深处的世界里探秘和做客呢？

此刻，黄旭华感到，自己全身的热血正在涌动和沸腾。他在心中一直渴盼和期待着的乘风破浪的日子，终于到来了……

葫芦岛上

在施工过程中,所有的边角余料,多余的管道电缆,只要是准备拿出船台的,也都要过秤和登记,减除重量。他们把这叫"斤斤计较"。

葫芦岛，是位于海天茫茫的渤海湾深处的一座半岛。最初，这里好像《鲁滨孙漂流记》里写到的"荒岛"一样，气候恶劣，杂树丛生，人迹罕至。当地有一首民谣，描写葫芦岛的荒芜景象："葫芦岛，葫芦岛，两头大，中间小；风沙多，小孩少，兔子野鸡满山跑。"岛上的人也幽默地说出他们的真实体验："葫芦岛一年就刮两次大风，一次刮半年。"还有人形容葫芦岛冬天寒风凛冽的程度说："葫芦岛的风，胜过刮脸刀。"后来，这座荒岛上有了海军战士驻守，成为一处军事区域。自此，每天黎明时分，荒岛上就会响起跑早操的脚步声。虽然人数不多，但给荒岛带来了欢腾和热闹。

有一天，荒岛上突然出现了一个"神秘小组"。这个小组的成员里有穿海军军服的，也有穿便装的。有的戴着近视眼镜，一看就是文绉绉的知识分子。谁也不知道，这是一支什么队伍，属于哪个机构。在食堂吃饭的时候，这些人也从不和其他人交流，每个人都来去匆匆、默不作声。

这个"神秘小组"，就是黄旭华和他的同事们。

核潜艇研制地点，当时之所以选在渤海湾的葫芦岛，就是因为这座岛的四周都是我们的国土，对外又严格保密，可以起到反侦察的作用，没有特别的允许，一般人根本上不了这座岛。

后来，在很长的时间里，人们只知道，葫芦岛上有个造船厂，名叫"葫芦岛造船厂"或"渤海造船厂"。实际上，这里就是我国的核潜艇制造厂。

在那个时期,全国各地的日子都过得很艰难,葫芦岛上的生活就更加艰苦。黄旭华的同事、时任719所副总工程师的尤子平,曾这样回忆说:

> 当时那里风沙大,荒寂冷清。生活很艰苦,连自来水(指的是淡水)都供应紧张,生活区白天不供水,晚上才来一点,大家用盆盆罐罐接水备用。吃的是带糠的高粱米,定量少得可怜的一点玉米粉也是稀罕之物,每人每月3两油的供应一直维持了十来年,蔬菜几乎绝了迹。有一年春节将至,副食品商店门口居然贴出大张红纸,赫然写着:欢度春节,每人供应红方一块(红方就是豆腐乳)。可见当时供应品之匮乏。

因为岛上食物匮乏,所以,如果有人出差从外面回来,必定是大包小包,又背又扛,有给自己买的,更多的是同事托付捎带的,看上去就像逃难一样。黄旭华记得,有一位同事,一次出差回到葫芦岛上时,大包小包竟有23个行李袋,都编了号,包主得到火车站接自己的包,否则这位同事下不了车,大家戏称他创造了719所带东西上岛的最高纪录。

今天的人们几乎不能想象,我们的第一代核潜艇人,就是在如此艰苦的外部条件和如此荒凉的生活环境里，创造出人间奇迹。

1966年早春时节，因为夫人李世英怀有身孕，留在上海待产，无法照顾大女儿燕妮，黄旭华就把燕妮接到了葫芦岛上。但他又要忙于工作，哪有时间照顾燕妮呢？他只好把燕妮托付给岛上一位姓徐的同事照料。

当时，整个岛上只有一所临时小学，是核潜艇总体建造厂办的，主要是为了解决核潜艇研制和建造者的孩子们上学念书的困难。小学校坐落在两座山之间的一个山口处。

燕妮一直记得，冬天的大风像刀子一样刮到脸上，生疼生疼的。上学时，棉帽子、口罩、棉手套、围脖、棉袄、棉裤、靴子……一样都不能少，不然就要被冻坏了。从嘴里哈出来的气，飘在睫毛上，不一会儿就结成了冰花。上学放学时总是得一溜小跑，甚至跑得满头大汗。坐在简陋的教室里，燕妮总是觉得，连心窝子都是凉的……

但是，葫芦岛也给了这个小女孩成长的胆识和勇气。这种生活，让人不禁想到一部带有魔幻色彩的电影《尼姆岛》。小女孩尼姆的爸爸是研究海洋生物的科学家，他带着尼姆来到一座鲜为人知、几乎与世隔绝的小岛上居住。这里成了小女孩的童年乐园。她沐浴着大自然的风雨成长起来。她可以坐在黑夜的沙滩上，仰望满天的星星，观察云层的变幻，聆听海风的声音；她也可以爬到悬崖上,观看鸟巢中的小鸟;她甚至还听得懂海豚的语言,观察到小螃蟹会乘坐着椰子壳在海上漂浮……她还拥有一只海狮和一只鬣蜥蜴,那是她形影不离的好朋友……

有一次,爸爸离开海岛,到外面考察去了,因为海上起了大风暴,暂时回不来,尼姆只能独自生活在小岛上。但她并没有被孤独和困难吓倒,她像一个小小的鲁滨孙,开始了在小岛上的冒险生活。天上的星星灿烂闪烁,辽阔的大海给了她无限的力量。棕榈叶发出了窸窸窣窣的声音,就像是爸爸在向她打招呼。小小年纪的她依靠着积极进取的乐观心态和顽强的生存毅力,克服了种种困难,用双手创造了自己的生活、自己的天地,完成了一个小英雄的壮举……

1966年4月,李世英在上海给燕妮生下了一个小妹妹。这个女儿随妈妈姓,黄旭华为她取名李骊。李骊小时候大部分时间生活在上海,是由外婆带大的,只跟着妈妈在葫芦岛上生活过很短的一段时间。

这年年底,因为工作需要,也出于保密的考虑,李世英也调到葫芦岛上工作了,一家人就生活在"与世隔绝"的岛屿上。

妈妈也来到了葫芦岛上,燕妮可高兴了。这时候,妈妈惊讶地看到,燕妮已经从原来的"上海小囡",变成了一个"野孩子"。有个学期,老师要求每个学生交300斤(1斤=500克)骡马粪,燕妮每天欢快地背着书包和荆条粪筐上学去，沿途捡拾骡马粪，学期过完后，她竟上交了700斤骡马粪。

是的，燕妮也像尼姆岛上的小女孩一样，海浪、星空、海鸥和偶尔爬上海岸的小螃蟹，给了她成长的野性、灵气、智慧和胆量。当然，还有爸爸、妈妈和岛上的叔叔、阿姨们神秘的工作和生活，跟这座"与世隔绝"的小岛一起，给了她少女时代最好的成长教育和英雄主义教育……

一个大风雪天，天已经很晚了，妈妈见燕妮还没回来，问了一下邻居，那个常和燕妮一起上学、放学的邻家小女孩，她也没有回来。这么晚了，会不会出事？妈妈赶紧拿着手电筒出门寻找。

果然，燕妮和小伙伴一起，在大风雪中迷了路。本来，放学后，她和小伙伴想抄一条近道回家，没想到走了不一会儿，小路就被厚厚的积雪覆盖了，四野茫茫，夜色也越来越深，她们再也辨认不出回家的方向，只好深一脚、浅一脚地在没膝深的雪地上慢慢跋涉。走着走着，两个孩子竟然滚进了齐腰深的雪沟里……

这时候，风雪还在夜色里呜呜地嘶吼着，小伙伴有点害怕了，忍不住哭了起来。

燕妮却表现得异常镇定，安慰鼓励她说："不要哭，不哭！我们要向《草原英雄小姐妹》里的龙梅和玉荣学习，一定会走回家的！"她紧紧地拉着小伙伴，努力从沟里爬出来，继续往前跋涉……

没过多久，燕妮看到，远处有手电筒的光束在晃动，风雪中还传来妈妈和大人们呼唤的声音："燕妮——是燕妮吗？燕妮……"

燕妮和小伙伴被妈妈和大人们找了回来。两个小女孩的帽子、围脖、靴子，都被冻成了冰坨坨，从靴子里倒出来的全是冰碴碴……

妈妈赶紧把燕妮送到岛上的医院，诊断结果是严重肺炎。妈妈心疼得把燕妮紧紧搂进怀里，喃喃地说："你这野孩子！你要是有个三长两短，爸爸妈妈可要愧疚一辈子了……"

接下来，一连九天九夜，妈妈都悉心陪伴在女儿身边。谢天谢地，这个"野孩子"总算恢复了元气。

葫芦岛的严寒给燕妮留下了严重的哮喘病，一到寒冷的冬天就会复发。直到1976年，719所从葫芦岛迁到了武汉，燕妮跟随父母来到武汉生活后，哮喘病才奇迹般地消失，再也没有复发过。

回忆起葫芦岛上的工作，黄旭华和同事们经常会提到"七朵金花"，这又是怎么一回事呢？

原来，"七朵金花"是黄旭华和同事们参照当时一部很有名的电影《五朵金花》，给他们在核潜艇研制工程中逐步形成的七个重点技术攻关项目起的一个形象又亲切的代称。

第一朵金花，是指核动力装置。这是核潜艇与常规潜艇最核心的区别所在。有了这个装置，核潜艇才能拥有在水底长时间航行的动力。

第二朵金花，是指水滴线型艇型和它的操控设计。水滴线型的艇型，虽然已经被国外核潜艇实践证明，具有众多优越性，但在多状态航行时，依然存在如何才能保持更好的平稳状态等问题。还有，如何把常规线型艇型良好的操控性，转化到水滴线型艇型上来，也是黄旭华和同事们一直在琢磨的事情。总之，就是要把水滴线型艇型的先进性和优势，发挥到最好。

第三朵金花，是指大直径、高强度的艇体结构。无论是攻击型核潜艇，还是弹道导弹核潜艇，如何保证它的极限下潜深度，是至关重要的。而下潜深度越是接近极限，对于艇体结构强度的要求就越高。这对黄旭华他们来说，又是一个难关。

第四朵金花，是指远程水声系统，即必须拥有"顺风耳"一样的敏锐的听觉，能在第一时间"听"到和捕捉到敌方目标。

第五朵金花，是指鱼雷等武器系统。这是核潜艇是否具有超强战斗力的保证。

第六朵金花，是指综合空调系统。这是所有潜艇人员的生命和生存保障系统，必须做到毫无疏漏、万无一失。

第七朵金花，是指惯性导航系统，即为潜艇在水下提供精确的定位和提供良好的隐蔽保护。

后来，黄旭华和同事们在总结核潜艇研制经验时，公认这"七朵金花"代表了当时我国在核潜艇研制领域所必须攻克的、最重要的七大关键技术难关。

"七朵金花"不仅是每一位核潜艇设计师的创造灵感、智慧才华的迎风绽放,也是中国一代核潜艇人的集体智慧与科学思想的闪亮结晶。这七大关键技术的攻克,为攻击型核潜艇首艇以及后续型号,为中国第二代核潜艇的研制和推进,奠定了核心技术的坚实基础。

我们在前面已经说到过,在核潜艇工程上马之初,直到重新启程之时,黄旭华和同事们手上,哪有计算机之类的计算工具?他们手上有的,只是算盘和计算尺。

为了保证计算的结果是准确可信的,在计算数据时,他们总是分成两组同时进行。两组人计算出来的结果,如果不一样,就需要从头计算,直到两个组最后的得数完全一致。

为了得到舰艇的重量与重心的准确数据,确保潜艇的不沉性和稳定性,黄旭华他们采用的也是土得不能再土的"土办法":在船台的入口处放一台大磅秤,凡是要拿到船台的零件和器物,不管是什么东西,都得一一过秤,登记在案。在施工过程中,所有的边角余料,多余的管道电缆,只要是准备拿出船台的,也都要过秤和登记,减除重量。他们把这叫"斤斤计较"。这样"斤斤计较"的结果,能保证日后数千吨的核潜艇在下水后的试潜、定重测试值,与设计值保持一致。

今天的人们很难想象，中国的第一艘核潜艇设计所需要的各项精确的数据，就是在算盘、计算尺、磅秤这些简易工具的帮助下得出来的。多年之后，黄旭华深有感触地说："这些办法听起来多么土啊！我们就是用这些办法求得了精密的重量和重心数据，然后计算、调整，加上合理的配重，使我们的潜艇在水下发射时，其'稳性'几乎像在陆地上一样。我们靠'软科学'上马，靠思维的软性功能把常规综合成尖端。'稳性'是靠这解决的。"

中华民族从来没有停止过走向星辰大海的梦想。我们的祖国要在未来的日子里成为一个"海洋强国"，我们的最终目的，就是要为全人类的和平、幸福做出更大的贡献。

这时候，黄旭华强烈地感到，我们的国家和民族从遥远的古代走到今天，终于等来了一个"乘风破浪"的时刻。而从童年时代起就扎根在他心中的那个"海洋强国之梦"，也从来没有像此刻这样离他这么亲近、这么清晰……

第一艘核潜艇

1970 年 12 月 26 日,被正式命名为长征 1 号的中国第一艘核潜艇像一头身躯庞大的蓝鲸,在无数激动和期待的目光注视下,在大家屏气凝神、仿佛空气都已凝固的气氛中,即将启碇入海……

蔚蓝色的大海，辽阔而又神秘。从遥远的古代开始，我们的祖先对大海的想象、好奇、向往与探求，从来也没有停止过。从中国古代留下的许多极具想象力的神话故事里，我们就能感受到这一点，例如四海龙王、精卫填海、哪吒闹海、八仙过海等。

中国古代还有一个美丽的传说：在烟波浩渺的东海上，有瀛洲、蓬莱、方丈三座仙山，仙山上还住着神仙……

大海上到底有没有神仙呢？秦始皇相信这个传说是真的。秦始皇统一中国后，实行郡县制，统一度量衡和文字，使秦朝成为当时世界上实力最强、文明程度最高的国家之一。

可是到了晚年，秦始皇却派人四处求取能够让他长生不死的仙药，梦想自己能变成神仙，好把皇帝的宝座永远坐下去。他派徐福率领一支数千人的庞大船队，去寻找三座仙山。

徐福是中国史书上所记载的、乘船远航东渡的第一人。《史记》里也写到徐福东渡，但叙述简略，细节不够详尽。

那么，徐福率领的这支庞大船队究竟去了哪里呢？有的说他们去了日本，并把当时先进的中国文化、技术传到了日本；有的说他们在茫茫海洋中的某个岛屿定居下来，生息繁衍……

迄今为止，徐福等人的去向仍然是一个难解的谜。不过，徐福的航海行动，却是当时的一次壮举，体现了我们的祖先对茫茫大海等未知领域强烈的好奇和探索的愿望，也是当时中国高超的航海技术的实际展现。

中国古代还有一个神话传说，关于黄帝和蚩尤的对战。在黄帝的军队将要获得胜利时，突然大雾弥漫，人们分辨不出东南西北。这时候，蚩尤的军队乘机撤退，侥幸逃脱了。终于有一天，黄帝发现，原来大量的雾气是从蚩尤的嘴里吐出来的。黄帝明白，要想打败蚩尤，必须有一件能够在大雾中辨别方向的东西。于是，他吩咐手下的能工巧匠，造出了能够辨别方向的指南车。在指南车的指引下，黄帝部落最终打败了蚩尤。

这个古老的传说告诉我们，"指南"的意识，以及能指示方向的仪器，从远古神话时代就有了，在中国有着非常悠久的历史。

到了东汉时期，发明过地动仪的科学家张衡，也发明了一种能识别方向的指南车。可惜的是，他的制造方法失传了，后人无法知道他发明的指南车的制造原理。一直到三国时代，又有一位叫马钧的发明家，重新制造出一种指南车。后来，人们就根据前人积累的这些经验，不断琢磨和改进，最终制造出一种体积不大、便于携带，又十分实用的指南针。指南针和造纸术、火药、活字印刷术，被称为中国古代的四大发明。

指南针的发明，为后来在茫茫大海上航行的航海家，为那些在漫无边际的沙漠和荒原上跋涉的探险家和地质勘探家识别方向、寻找目的地，提供了极大的便利，尤其对航海事业和海洋探索，起到了有力的促进作用。

1970年前后，有好几件重大的科技成果，足以写进世界科技史册。1969年7月，美国阿波罗11号飞船的登月舱在月球表面着陆，宇航员阿姆斯特朗在远离地球的月球上，完成了人类科学史上堪称最令人惊叹的一个瞬间：全球数亿观众，通过电视机屏幕，见证了他身穿宇航服，缓缓走出登月舱，在月球表面首次留下人类的足迹。当阿姆斯特朗踏上月球后，在遥远的太空，他向全人类宣布：这是个人的一小步，却是人类的一大步。如今，这句话成为全世界广为人知的名言之一。

1970年，苏联的月球16号探测器，也携带采集到的月壤返回地面；这一年，苏联的金星7号探测器，成功登上金星。第二年，苏联的另一艘宇宙密封舱，在火星上实现了软着陆……

而在中国，被西方大国用"冷战"思维包围和封锁下的中国，也有一件值得写进科学技术发展史的大事。

1970年12月26日，中国第一艘核潜艇成功下水。

对制造原子弹、氢弹这样的国防重器，党和国家领导人做出了豪壮和自信的预言：搞一点原子弹、氢弹和洲际导弹，十年完全可能！事后证明，党中央和国家高层的判断与预言，是完全正确的。在对待核潜艇的问题上，从来都不信邪的毛泽东主席，显然在心里更是"赌"上了一口气，要不然，他不会说："核潜艇，一万年也要搞出来！"从这句话里也不难体会到，党和国家领导人都深知，核潜艇在科学技术的难度上，非同一般。

但是，历尽坎坷和苦难的中华民族的一代代英雄儿女，什么时候害怕过困难？什么时候向艰难困苦屈服过呢？

从1958年开始，核潜艇研制工程几经周折，不知不觉已经走过十三年风风雨雨却鲜为人知的曲折征程。按照中央专委下达的攻击型核潜艇首艇在1970年下水的要求，由彭士禄、赵仁恺主持的核动力装置陆上模式堆设计，一再加紧往前推进的步伐；由黄旭华、尤子平带领的设计团队，更是克服了种种困难，一丝不苟地完成了第一艘核潜艇的技术设计。

核潜艇的设计制造，是一个复杂和庞大的系统工程，各个环节所涉及的科学家和技术专家真是太多了，如果把每一位科学家和技术专家的名字都列出来，那将是一份长长的、熠熠闪光的名单。

从20世纪80年代开始，就有人把黄旭华称为"中国核潜艇之父"。对此，黄旭华断然予以否定。

80年代里，黄旭华他们这些与核潜艇研制有关的人，还都处在"隐姓埋名"的状态。黄旭华曾对一位受命前来采访的作家这样说过，如果一定要给中国核潜艇工程找出什么"父亲"的话，那么,像解决了核反应堆问题的"P"同志就是一位。正是这位"P"同志提出,按照总设计的要求,先在陆上搞一个与首艇一样大小的核反应堆,可称为"陆堆",成功之后再装到艇上。当时对此建议的争论也很激烈。

黄旭华说:"我不懂核,P不懂船,我们来个软科学综合。我们派出200多人,到陆堆去'种菜'。'地'是人家的,'菜籽'是人家的,我们只是按总体要求去'种菜'。这是一种像绿色生命诞生一样的综合。某某年于某某地,经周总理批准'起堆',我们的陆堆到了临界,成功了!世上最美味的菜,也没有这'原子菜'的滋味美啊!我这个人从来不失眠,可那天晚上,我失眠了。我很钦佩P的卓越才能。还有我们整个工程的具体组织者Y少将及这个工程的办公室主任C,他们都做出了'父亲'式的贡献。广而言之,所有参与这个工程的人员都是导弹核潜艇之父。"

从多年前黄旭华对采访者说的这些话里,我们可以感受到,中国第一艘核潜艇的诞生,凝聚着的是整个那一代核潜艇人的创造才智和殷殷的报国情怀。

时过境迁,当年需要保密的一些东西,现在已经不再是什么秘密了。比如,黄旭华说到的那位"P"同志,就是当年负责第一艘核潜艇核动力设计的著名核动力科学家彭士禄。彭士禄是中国第一任核潜艇总设计师、中国核动力领域的开拓者和奠基者之一。

彭士禄还是革命先烈的后代，他的父亲就是中国共产党老一辈无产阶级革命家、中国农民革命运动的先导者彭湃。

1970年12月26日，被正式命名为长征1号的中国第一艘核潜艇像一头身躯庞大的蓝鲸，在无数激动和期待的目光注视下，在大家屏气凝神、仿佛空气都已凝固的气氛中，即将启碇入海……

北方的冬日，12月的空气里总是透着清新和冷冽。但是，这一天，天空瓦蓝瓦蓝的，看不见一丝云影。

这一天，恰好也是我们的开国领袖毛泽东主席的生日。工程的领导者特意在潜艇指挥台正上方，竖立起一幅毛主席的画像，好像在用这种方式向新中国的开国领袖汇报：

"核潜艇，一万年也要搞出来"的决心和梦想，伟大和英勇的中国人，仅仅用了十三年，就将其变成了现实！

一万年太久，只争朝夕。

望着即将下水的"巨鲸"，黄旭华和同事们的眸子里闪烁着激动的泪光。这个时刻，黄旭华突然觉得，平日里时光总是飞逝得那么快，老是觉得时间不够用，可是今天，时间怎么走得这么缓慢呢？他的心跳不知不觉加快，甚至都有点沉不住气了。

与常规潜艇相比，核潜艇的下水过程，缓慢又复杂，要经过"起艇—前行—上浮箱—横移—起浮"等严格规定的程序。

核潜艇前行和横移最缓慢的时候，耗费了3小时，才挪动100米左右。这头庞大的"巨鲸"的移动速度，比蜗牛还要缓慢。从上午宣布下水仪式正式开始，到最后一个程序"起浮"完成，整整一个白天已经过去，夜色开始降临，星星一颗又一颗地闪耀在大海上空……

在温柔的夜色里，在宝石一般璀璨的星光下，在古老的海波的一声声絮语里，这头黑色的"巨鲸"，载着中华民族千百年来的强国梦想，载着一代优秀的中华儿女的报国之志，缓缓地、骄傲地驶入了幽蓝的大海……

中国第一艘核潜艇，属于攻击型核潜艇，艇身长度98米，宽10米，水下排水量为5000吨。潜艇上装有6具鱼雷发射管，载人数量为75人。

望着缓缓驶入大海的"巨鲸"身影，黄旭华再也抑制不住自己的泪水。晶莹的热泪，无声地流淌在他的双颊上，在夜色里，在星光里，显得格外醒目。

"多不容易啊！全身大约4.6万个零部件，1300多种各类材料，每一部分都是国产的，甚至没有用一颗外国的螺丝钉……"在夜色里，他喃喃地说道，像是在自言自语，又像是在和同事们相互致敬和表达祝贺。

"是啊，谁能想到，在全国人民都吃不饱饭的年代，在没有任何外国专家援助的状态下，我们中国人，仅用不到十三年的时间，就完成了国外要用几十年才研制出来的东西……"一位和黄旭华并肩奋斗多年的同事，在夜幕下激动地握着黄旭华的手，流着泪水，喃喃地说着……

无论是黄旭华、尤子平，还是彭士禄、赵仁恺带领的设计团队，他们都是真正风华正茂如朝阳初升一般的英雄儿女。

第一艘核潜艇的成功下水，标志着中国从此成为世界上第五个拥有核动力潜艇的国家。

这艘核潜艇在 1970 年 12 月下水后，又经过多次下潜试验，于 1974 年 8 月正式入列中国人民解放军海军服役。

四十多年后，2013 年，这艘核潜艇完成了自己的使命，经过一系列严格的"去核化"处理后，光荣地离开军港，正式退役。

今天，它已成为坐落在青岛的海军博物馆里的一件镇馆之宝，供各地游人，尤其是青少年们参观。虽然离开了大海，来到了陆地，但这头"巨鲸"的 4 万多个零部件，好像依然在无声地向人们讲述着它曾经的艰难、光荣、使命和梦想。

二十二 英雄交响曲

他感到,又一场惊天动地的大雷雨,已在不远处的海面上开始酝酿了!他想象着,此刻,自己就是另一个即将走进暴风雨中的贝多芬,决不能被任何困难击倒,也决不能被任何重担压垮。

中国现代科学家中,有不少人是"音乐迷",如李四光、钱学森、朱光亚、杨振宁等。地质学家李四光在英国留学时,亲自创作了一首小提琴曲《行路难》,被音乐研究专家考证认为是中国人创作的第一首小提琴曲。

黄旭华也是一位音乐迷,甚至可以说是一位音乐"发烧友"。少年时代他就学会了演奏扬琴、小提琴、口琴等乐器,大学时代是合唱团里最活跃的成员,并担任合唱团指挥。参加工作后,黄旭华没有特别的嗜好,不抽烟,不喝酒,不打牌,一有空闲,就喜欢打开唱机,放上一张唱片,每一首古典乐曲他都能听得如痴如醉。

他对西方古典音乐不仅十分着迷,而且颇为专业,尤其喜欢气势磅礴的交响乐。被人称为"乐圣"的贝多芬的 9 首交响曲,黄旭华都很熟悉,其中他最喜欢的是《英雄交响曲》和《命运交响曲》。贝多芬的交响曲他不知道听了多少个演奏版本,柏林爱乐乐团的,维也纳爱乐乐团的,哥伦比亚交响乐团的,芝加哥交响乐团的,他全听过。甚至连慕尼黑爱乐乐团、莱比锡格万特豪斯管弦乐团这类比较少见的演奏版本,他都听过。

夫人李世英最熟悉他的这项爱好,所以,随着孩子们慢慢长大,他们家里的音乐氛围也越来越浓厚。只要黄旭华回到家里,全家人谈笑之时,必定会有从唱机里不间断地播放出来的"背景音乐"。

二十二 英雄交响曲

在所有的音乐家中，黄旭华最推崇、最热爱的就是贝多芬。他认为，假如要他从全世界所有伟大的艺术家里面，挑选出一位最伟大的音乐家，那么，他会毫不犹豫地选择贝多芬——贝多芬只有一个！

他对贝多芬的生平充满了敬意。他觉得，贝多芬短暂的一生，宛如"一天雷雨的日子"。先是一个明净如水的早晨，亲爱的妈妈那温柔和疼爱的目光，像早晨的阳光照耀着他的童年；故乡大地上春天的气息，熏染着他那充满音乐和幻想的童心。中间仅仅有几阵微风，那也许是他性格粗暴的父亲带给他的。可是，在静止的空气中，已经有隐隐的威胁和沉重的雷声在天边滚动。那是他的耳疾，渐渐开始折磨他了……

突然，一个巨大的阴影卷过，接着是一声声低沉的雷吼，还有一阵接着一阵的狂风暴雨……他的耳疾几乎使他完全失去了听觉。可是，"登、登、登——登，登、登、登——登"那悲壮的"命运的敲门声"响起来了……这时候，贝多芬正满怀信心与命运搏斗。

"不！命运，我不会屈服于你！决不会受你支配的！我要鼓起我的勇气，磨砺我的宝剑，跨上我的战马……掌握住自己的命运！"在悲壮和激越的交响曲里，贝多芬抒发了自己要和残酷的命运搏斗到底、较量到底的信念。他在英勇的搏斗与抗争中，度过了自己饱满的人生正午……

　　黄旭华对贝多芬的热爱和崇敬,除了他那暴风雨一般无可阻挡的音乐天才,更重要的是贝多芬用生命谱写的英雄的性格和命运。"世界不曾给过他欢乐,他却创造了永久的欢乐献给世界。"黄旭华从内心深处认定,真正的英雄,一定是"忘我""无私"的人,是善良、仁慈的人,是对于所有的弱小者都充满了关怀与热爱的人。他认为,贝多芬就是这样的艺术家,是依靠善良的心而成为伟大英雄的。当人们感到忧伤和孤独的时候,贝多芬会悄然来到他的身边,一言不发,只在琴弦上弹出他那温暖的乐曲,轻轻地安慰着人们的忧伤。

　　在贝多芬的音乐里,总是流淌着仁慈和善良。除了仁慈和善良,黄旭华心目中的贝多芬,更是一位坚强不屈、勇往直前的英雄,一个不断探索、不断寻求真理与光明的勇士。

　　在黄旭华看来,安逸、平坦的人生之路,造就不了真正的英雄。所有的英雄,必定都在各自艰辛和苦难的人生征途上,为了寻求真理和光明,为了抵达灿烂的创造、忘我的奉献之境,付出艰苦卓绝的探索和奋斗,献出毕生的精力,甚至宝贵的生命。

　　科学家有自己的祖国、自己的民族、自己的父母之邦、自己的童年回忆之乡。黄旭华知道,自己这一生,必定是属于科学的,属于祖国的。在他的心目中,一位真正的科学赤子、一位真正的科学英雄,必定会以博大的爱心,以殷殷的热血,以自己全部的天赋与才智，以高度自觉和至死不渝的对崇高理想的追求，呕心沥血地从事着属于祖国的创造工程。

就像伟大的音乐家贝多芬，他不仅是艺术天宇中一颗永恒的巨星，也是永远怀着对自己母亲深挚的敬爱与感恩之心的赤子。贝多芬说过："当我能够叫出'母亲'这甜蜜的名字，而她又能够听见的时候，谁又比我更幸福呢？"这句话，黄旭华一直牢牢地记在心里，从来都没有忘记。

黄旭华如此热爱、理解和推崇贝多芬，作为他夫人的李世英自然早就记在心上。在黄旭华 60 岁生日时，李世英悄悄准备了一份神秘礼物。孩子们猜想，妈妈也许要送给爸爸一枚象征着坚贞爱情的戒指；爸爸从大学时代起就是一个玉树临风、很帅、很爱美的男生，要不，妈妈准备送给爸爸一套漂亮的西装和领带？

然而，孩子们都猜错了。连黄旭华自己也没有想到，夫人悄悄为他准备的生日礼物，竟是贝多芬全套 9 首交响乐的原版磁带，全部是指挥大师卡拉扬指挥、由世界顶级的管弦乐团演奏的贝多芬作品。这份独特的生日礼物，让黄旭华大喜过望，再次体会到了毛泽东早年的一首词《贺新郎·别友》里写到的那种感情："过眼滔滔云共雾，算人间知己吾和汝。"

当然，这是后话了。现在，让我们继续回到黄旭华和他心心念念的核潜艇工程上来。

不是用歌喉，不是用音符，也不是用旋律，而是用自己的智慧、心血和全部的力量，黄旭华谱写着自己和他们这代人的人生与理想的"命运交响曲"。贝多芬的命运交响曲，表达了他与命运进行搏斗、终于获得胜利的心情，而黄旭华和他的同事们在完成攻击型核潜艇的成功下水之后，又继续扬帆远航，向着弹道导弹核潜艇的目标挺进了……

中国第一代核潜艇研制工程，包含攻击型核潜艇和弹道导弹核潜艇。

通常我们会想当然地认为：黄旭华他们一定是先把攻击型核潜艇做好了，做成功了，再开始做弹道导弹核潜艇的吧？其实并不是这样。在攻击型核潜艇进入到技术设计阶段的时候，弹道导弹核潜艇的研制也同时启动了。因为这两种核潜艇的大部分设计、设备、材料和技术系统，是通用的，主要的差别在于武备系统。什么是武备系统呢？简单地说，在攻击型核潜艇基础上，再升级一步，增加一个导弹舱，就变成了弹道导弹核潜艇。说起来简单，具体要研制起来，难度却是不可想象的。仅仅是那个体积巨大的导弹舱，还有它的排水量，就远远超过攻击型核潜艇。黄旭华心里明白，这个时候，他和战友们就好像已经攀登到了喜马拉雅山的上半部分，本已经非常艰难，但是还必须负重朝着顶峰继续攀登……

黄旭华他们很清楚,毛主席所说的"核潜艇,一万年也要搞出来",主要是希望把弹道导弹核潜艇造出来。所以,攻击型核潜艇研制启动后不久,弹道导弹核潜艇的研制也紧锣密鼓地开始了。

黄旭华是攻击型核潜艇总体设计的主要负责人,同样也是弹道导弹核潜艇总体设计的主要负责人。

1967年10月16日,国防科委和海军方面在北京友谊宾馆召开了一次重要的会议,为弹道导弹核潜艇的研制成立了领导小组,对以黄旭华为主的总体设计团队提交的弹道导弹核潜艇总体设计方案以及其他一些配套方案,进行了论证和审查,明确了第一艘弹道导弹核潜艇研制的指导思想和原则。

两个月后,12月16日,国防科委正式下达了文件,同时也批准了海军方面提出的弹道导弹核潜艇战术技术任务书。至此,中国的弹道导弹核潜艇研制悄然启程……

又一项崭新的国家使命,落在了黄旭华的肩上。在弹道导弹核潜艇研制初期,他担负的主要任务有两项:一是在负责推进攻击型核潜艇制造的同时,再负责弹道导弹核潜艇的方案论证和技术设计;二是协助当时的国防部七院713所,研发潜艇水下导弹发射系统。

接受上级下达的弹道导弹核潜艇研制任务的那一刻,不知为

什么，黄旭华的脑海里好像突然响起了贝多芬《命运交响曲》的雄壮旋律……

他感到，又一场惊天动地的大雷雨，已在不远处的海面上开始酝酿了！他想象着，此刻，自己就是另一个即将走进暴风雨中的贝多芬，决不能被任何困难击倒，也决不能被任何重担压垮。他一定要迎着暴风雨，去敲响和推开一扇胜利的大门，就像贝多芬正有力地抬起双臂去奏响他最伟大的《命运交响曲》。

在那一刻，他的心里似乎还响起一个无比有力的声音："来吧，所有的艰难困苦，所有的未知数，都来吧！我决不会惧怕你们！我要把你们踩在脚下，迈向胜利，迈向光明和未来……"

二十三 深深的海洋

所有参与试验任务的人,都必须做好"一切皆有可能"的心理准备——也就是说,都必须具有一种勇往直前、不怕牺牲、准备一去不返的大无畏精神!

有一首外国民歌,歌名叫《深深的海洋》,在20世纪50年代和60年代,以俄语的形式传入中国,流行一时,当时深受青年人的喜欢,也是周末舞会上播放的热门歌曲。

黄旭华和夫人李世英都很喜欢这首旋律优美的歌曲。歌中表达了青年海员对爱的憧憬和希冀、对海洋的眷恋和热爱:

深深的海洋,
你为何不平静?
不平静就像我爱人,
那一颗动摇的心。
年轻的海员,
你真实地告诉我,
可知道我的爱人,
他如今在哪里?
……

每次唱起这首歌时,无论是黄旭华还是夫人李世英,都会觉得,歌里咏唱的不就是他们自己的人生吗?

深深的、辽阔的海洋里,隐藏着多少奥秘啊!也正因为它是如此的辽阔和神秘,海洋的魅力就更加无穷无尽。

比如，在烟雾弥漫的夜晚，当你沿着弯曲的海岸漫步时，你也许会听到或以为听到鲸的鼾声。但那不是鲸，是灯塔上的雾角在告诉来来往往的船只：陆地就在附近！从这里开进去！这里有海港、码头，请注意危险的礁石……

等到大雾逐渐消散，你就会看到一盏灯在高高的灯塔上旋转，不断地射出横穿夜空的光带——银色的、耀眼的、明亮的光带，它也在告诉所有的船只：陆地就在附近……

我们甚至难以想象，古老的大海到底有多深？幽蓝的海水底下，会藏着多少不为人知的秘密？

据说，目前人类所探知的地球上最深的海沟，是马里亚纳海沟，海沟最深的地方超过 10000 米。根据科学家们的估算，这条海沟的形成，已经有六千万年了！

这条海沟的深度该如何去想象呢？可以这么说，如果把世界上最高的山峰珠穆朗玛峰放在沟底，它的峰顶仍然不能露出水面。

我们知道，世界上有不少登山队员和探险家成功登上过珠穆朗玛峰，可是，要下潜到深海中的马里亚纳海沟沟底，却是十分困难的。

我们在前面提过，在 1960 年，一位美国海军士兵陪同瑞士著名探险家、发明家雅克·皮卡德乘坐一艘深海潜艇成功下潜到了马里亚纳海沟沟底进行科学考察，创造了当时世界最深的潜水纪录。

慢慢地，科学家们发现，海沟底部不仅漆黑和冰冷，而且有巨大水压，这对人类的生命而言是一个巨大的挑战。但令人惊奇的是，科学家们发现，就在这么深、这么黑暗、又这么冰冷的海底，竟然还有海洋生物在缓缓地、自由自在地游动……

由此可见，在人类未知的世界里，还隐藏着多少神奇而让人意想不到的景象。同时，在远离陆地的深深的海洋里，在白天里看上去风平浪静的海水下面，也时刻隐藏着各种未知的风险……

从1967年11月到1970年9月，仅仅用了三年时间，彭士禄、黄旭华带领的719所两大主要团队的设计师们，相继完成了弹道导弹核潜艇的总体设计方案论证，扩大初步设计和技术设计等烦琐的工作。

1970年9月25日，离攻击型核潜艇首艇下水还有整整三个月的时候，第一艘弹道导弹核潜艇总体建造厂，也开始施工了。

原来的计划是，弹道导弹核潜艇在1973年下水。黄旭华带领设计师们在1972年初就完成了施工设计。可是，弹道导弹核潜艇接下去的建造却并没有预先计划的那么顺利。事实上，一直延迟到1981年，第一艘弹道导弹核潜艇才正式下水。

也就是说，攻击型核潜艇从建造开工到下水，仅用了两年时间，而弹道导弹核潜艇从建造开工到下水，却经过了十个年头。

黄旭华后来对弹道导弹核潜艇迟迟未能下水的原因，做了总结和归纳，主要有三个原因：一是我们国家当时的大环境，风起云涌，起伏不定，影响了弹道导弹核潜艇建造的稳步推进；二是弹道导弹核潜艇在建造策略上，本着实事求是的态度，吸取了攻击型核潜艇的经验和教训，做出了更加优化的调整，减慢了建造进度；三是弹道导弹核潜艇建造的难度和各种技术难关，比攻击型核潜艇更大也更多，需要足够的时间来逐一攻克。

1979年9月，国防科委任命彭士禄为核潜艇工程总设计师，黄旭华、黄纬禄、赵仁恺为副总设计师。弹道导弹核潜艇的建造开始提速了。

1981年4月30日上午10点，黄旭华和战友们又迎来了一个彻夜未眠的历史性时刻：中国自行设计研制的第一艘弹道导弹核潜艇，在经过了"十年怀胎"之后，终于成功入海了！

这一天，平时喜欢听交响乐、潮州音乐而很少写诗的黄旭华，情不自禁地诗兴大发，挥笔写下了一首抒发豪迈情怀的旧体诗：

南征直捣龙王宫，北战惊雷震海空。
攻坚苦战两鬓白，犹有余勇再创功。

这一年，黄旭华57岁。核潜艇研制的几十个春秋，已经让他双鬓染霜、青丝飞雪了……从这首诗中也可以感受到,这位中年科学家虽然远远还没到"烈士暮年"的时候,但一股"壮心不已"的英雄豪情跃然纸上。

1982年6月,黄旭华被任命为719所所长。从此,他开始担负起作为719所行政领导和技术负责人的双重重担。

这时候,攻击型核潜艇正处在技术改进提高的过程,弹道导弹核潜艇在成功下水后,也开始了系泊、航行等一系列严格的试验检测……全部试验圆满结束后,才能交给海军,正式开始服役。

他肩上的压力有多大,也许只有他自己能够体会。

有一天,他无意中看到一位俄罗斯诗人的两句诗:"把我们的祖国扛在肩上向前走,变成父辈们的嘱托……"他的眼睛一亮!他觉得,诗中所表达的,不正是他和他的战友们此刻的情怀吗?他感到,自己浑身上下又充满了无穷的力量。

1983年3月,当弹道导弹核潜艇航行试验开始不久,黄旭华又接到一个新的任命:国防科委任命他接任整个核潜艇工程的总设计师。他的前任总设计师、也是多年来的老搭档彭士禄,转任核潜艇工程的顾问。至此,即将进入六十花甲之年的黄旭华,成为中国第一代核潜艇研制工程的第二任总设计师。

在接到新的任命的那一刻,他更加坚定了一个信心:无论未来的路还有多长、多么难走，无论明天还有多少艰难困苦，他都不能有丝毫的退却和懈怠！他必须用自己坚强、勇毅、奉献，甚至牺牲的心态，"把我们的祖国扛在肩上"，在下一代面前树立起一个崇高的榜样；用一种父亲般的挺拔和担当，告诉我们的下一代，应该怎样更好地去珍爱生命、热爱生活，应该怎样深挚地去热爱我们这个伟大的国家，为国家贡献自己的一切。

1983年8月25日，第一艘弹道导弹核潜艇正式交付中国人民解放军海军，加入了战斗序列。

1988年4月20日，我国的第一代攻击型核潜艇长征4号，承担在南海海域的深潜试验任务。

核潜艇的深潜试验，是所有试验中最具有挑战性的，不确定因素也最多，是最危险的试验环节。

与潜艇打交道的人，都知道世界潜艇历史上的一次灾难事件：1963年，美国的"长尾鲨"号核潜艇，在一次深潜试验中发生了意外。当时，潜艇尚未下潜到极限深度，但是整个潜艇船毁人亡，潜艇上的100多名官兵和科技工程人员无一生还……

因为有美国"长尾鲨"号深潜试验失败的教训，所以，我国的这次深潜试验任务，既光荣重大，也伴随着疑虑和未知。

所有参与试验任务的人，都必须做好"一切皆有可能"的心理准备——也就是说，都必须具有一种勇往直前、不怕牺牲、准备

一去不返的大无畏精神!

就在这时,身为总设计师的黄旭华做出了一个惊人的决定,让他的同事们,对这位科学勇士再一次肃然起敬。

在他的夫人李世英看来,这一次他不仅仅只是热爱贝多芬的《英雄交响曲》,他将要用自己的实际行动,去亲自完成一首真实的、现实中的《英雄交响曲》……

二十四 迎着惊涛骇浪

黄旭华就像一位饱经风霜、经验丰富的老船长。他带着一船勇敢的水手们,正迎向幽蓝的海水,迎向深水中的一切暗潮激流和惊涛骇浪……

　　在我们伟大的祖国大陆的东方和南方，由北向南分布着渤海、黄海、东海、南海。中国还有长长的、美丽的海岸线，总长度有3.2万多千米，其中大陆海岸线长达1.8万多千米，包括香港、澳门和宝岛台湾在内，我们的祖国还有1.4万多千米的岛屿海岸线。

　　亿万年的大海啊，日复一日，年复一年，碧波荡漾，波涛起伏。生活在中国沿海的一代代渔民，在海边出生，在海上长大，每天迎着东方的日出走向白浪滔天的大海，就像生活在祖国母亲的怀抱里。大海是他们的家园，他们都是大海的孩子。他们热爱大海、了解大海，也守护着大海，就像热爱、了解和守护祖国每一寸神圣不可侵犯的领土一样。

　　大海也是我们伟大的国家走向世界、与世界各地密切交往和联系的主要通道。从六百年前的郑和七次下西洋，到今天21世纪海上丝绸之路的开发与建设，中国人一直对海洋有着热诚的渴望与向往。

　　但是，辽阔的大海上也一次次留下了中华民族耻辱的记忆。近代封建王朝实行闭关锁国、以自我为中心的政策，不仅长期忽视了海洋的作用，也没能让中国人看到15至16世纪大航海时代之后世界"海洋文明"的兴起。当西方的英、法等国，发挥他们在海洋上的优势，利用坚船利炮开疆拓土、抢夺资源、开展贸易的时候，古老的中国还沉浸在闭关锁国的睡梦之中，这直接导致中国在近代历史上落后挨打的局面。鸦片战争、甲午战争等给中华民族留下永久耻辱的大事件，都与中国人忽略了海洋有关。

　　让我们继续讲述黄旭华和核潜艇的故事……

　　深潜试验，是核潜艇最为重要、风险最大的一项试验，也是最终检验核潜艇总体性能、作战能力的试验。深潜试验包含三项循序渐进的试验：极限深度下潜、水下全速航行、大深度发射鱼雷。

　　我国北方的渤海和黄海、东边的东海，海水深度达不到深潜试验的极限深度，所以，我国的核潜艇深潜试验，必须转场到南海海域进行。

　　被选中执行深潜试验任务的是攻击型核潜艇中的长征4号。因为深潜试验的责任和作用重大，同时也存在着巨大的未知的风险，所以，上级各个部门对深潜试验高度重视，成立了专门的领导小组。

　　黄旭华作为攻击型核潜艇的总设计师，既是深潜试验领导小组的成员之一，还担任深潜试验"第一关"——极限深度下潜的技术负责人。

　　为了应对可能出现的风险，领导小组做了详细的应急部署：首先，在南海某个海域选择一处可以进行极限深度下潜的地方，在那里放置打捞救援设备。万一深潜时出现不测，打捞救援人员

可紧急打捞，不至于像美国的"长尾鲨"号，瞬间沉入了几千米深的海底；其次，在长征4号上预备了必要的应急措施，包括专门的支撑和堵漏设备等。

但是，参试前紧张压抑的气氛，让所有参与试验任务的人员的心情无法平静。

这一切，黄旭华和领导小组的所有人都看在眼里，感同身受。毕竟，在深深的海水下面，在极限深度之下，谁也无法预料会出现什么意外。

这是一次生与死的抉择和考验，需要的是科学勇士们"不下汪洋海，难得夜明珠"的勇气、胆魄和意志。所以，参试人员都做好了"壮士一去兮不复还"的心理准备，有的甚至悄悄写下了给家人和恋人的"遗书"，拍下了"最后的留念"的合影照……

就在这时，64岁的黄旭华毅然做出了一个决定：他将陪伴所有参试人员一起登艇下潜，完成这次深潜试验任务！

黄旭华的这个决定，在整个试验队伍里不亚于一声惊雷！有的人甚至不敢相信这是真的，一位总设计师和他设计的潜艇一起下潜试验，这在全世界潜艇历史上是前所未有的事。

"世界上前所未有的事？那我们就不能改写一下历史吗？"黄旭华笑着对同事说，"我对攻击型核潜艇的感情，就像父亲对自己亲生孩子的疼爱一样！这一点你们一定能够理解。"

"可是，黄总，您是总工程师，您完全可以在水面的指挥舰上坐镇指挥。再说，您是'国宝'一样的专家，万一……我们对国家也不好交代啊！"有人这样说道。

"不，艇在，我在。攻击型核潜艇是我一手指导完成设计的，我对自己的'孩子'再熟悉不过了。所以，我对长征4号下潜到极限深度是充满信心的。我陪你们一起下潜，就是想让你们放宽心。"

其实，在海军方面，长征4号的艇长和政委，心理负担也很重，生怕官兵们有畏惧情绪，一再对参试的战士强调这次深潜试验任务是如何如何"光荣"，革命军人应该时刻保持大无畏的牺牲精神……

黄旭华听了，就笑着对艇长和政委说："两位首长，不能老是给他们强调'光荣'，你要人家准备去'光荣'，就意味着可能会有'牺牲'啊，人家精神负担就越重。生命诚可贵，哪个年轻人听了这话会不紧张呢？"

黄旭华的一番话和他做出的这个决定，也真是有效，一传达到全艇后，整个参试队伍的心理压力，顿时就减轻不少。

这时候，还有一个人，也承受着前所未有的心理负担，她就是黄旭华的夫人李世英。虽然她对黄旭华的设计充满信心，但毕竟在极限深度之下，还有许多不可预料的因素存在。自从得知黄旭华准备亲自上艇下潜，她的一颗心就一直悬在那里，一连几天都无法安睡。

她怕孩子们担心爸爸,不敢告诉女儿们实情,只好独自承担着对丈夫深深的忧虑和担心。

在这个世界上,没有谁比李世英更理解黄旭华,她对黄旭华做出的这个大胆的决定,从未提出过反对意见。她深知,黄旭华从来就是一个有担当、有勇气的男人,更是一位对党的事业、对国家、对人民有责任心和使命感的老共产党员。他决定的事情,必定是他深思熟虑而义无反顾的。对一艇人的生命安全、对国家的宝贵财产负责,这是黄旭华最朴素的责任感……

所以,在黄旭华"出征"前往湛江时,虽有千言万语,李世英也只对黄旭华说了一句话:"你当然要下水,不然以后你怎么带这个队伍?多保重!我和孩子们等着你平安归来……"

1988年4月20日下午4时,攻击型核潜艇长征4号载着全体参试人员,缓缓驶离了湛江军港……

巨大的核潜艇进入了碧波荡漾的南海,真像一头自由自在畅游在大海上的巨大蓝鲸!

在碧水蓝天之间航行了210海里后,长征4号进入了预定的试验水域。21日上午9时,长征4号开始下潜……

整个深潜试验要分阶段进行。每下潜一段深度,潜艇都要停留一段时间，进行观察和测试。到达 180 米的深度后，再继续下潜到 193 米，然后起浮。这个阶段叫预下潜，主要是为了摸清基本情况，无须黄旭华随艇下潜，他和其他试验指挥人员暂时留在海面上的指挥舰坐镇指挥。

预下潜总体顺利，给大家带来了极大的信心。

4 月 28 日，长征 4 号载着负责技术的黄旭华、吴庭国、徐秉汉，本次试验副指挥长、中国人民解放军海军北海舰队副参谋长王守仁和全体参试官兵，开始了第二航次的试验。

29 日上午 9 时，潜艇在预定的试验水域开始下潜。

这一次，可就没有预下潜阶段那么顺畅了。刚完成潜水均衡后，突然出现了水声通信不畅的问题。艇内的气氛顿时变得紧张和凝重起来！

黄旭华倒是非常冷静，果断地决定，让潜艇上浮到潜望深度，观察待命。

"请大家不必紧张，要相信我们的潜艇。"黄旭华故作轻松地说道。

"气氛太压抑了！不如大家一起唱个歌，舒缓一下心情。"有人提议说。

"嗯，这个主意好。"大家立刻附和说，"唱一首什么歌呢？革命军人不怕牺牲，就唱《血染的风采》如何？"

黄旭华一听，立刻笑着说："这首歌倒是不错，但是有点悲伤，不应景啊！我们做深潜试验，是要去获得试验数据的，又不是要去流血牺牲！"

"黄总，那您给选首合适的歌呗！"

"要我选吗……就唱那首'雄赳赳气昂昂'，《中国人民志愿军战歌》！多豪迈，多鼓舞士气啊！"

"好，就唱这首！"黄旭华打着拍子，和大家一起高唱起来，"雄赳赳，气昂昂，跨过鸭绿江……"

雄壮的歌声冲淡了艇内的紧张气氛。一曲歌罢，整个潜艇里的情绪又变得高昂起来。

黄旭华就像一位饱经风霜、经验丰富的老船长。他带着一船勇敢的水手，正迎向幽蓝的海水，迎向深水中的一切暗潮激流和惊涛骇浪……

11时许，下潜继续进行。长征4号也像重新聚集了力量的蓝色巨鲸，朝着大海深处"游"去……

一艘潜艇，就是一块严阵以待的阵地。

每个人，都是逆行的英雄，都是无敌的勇士！

身为总设计师的黄旭华，像一位性格坚毅的船长，把自己的全部身心和热望都投进了茫茫的大海。

他成为世界上第一位乘着自己研制的核潜艇完成极限深潜试

验的科学家!

他和自己的潜艇一起,和他勇敢的战友们一起,继续向着深蓝色的海水下潜……

下潜,下潜,再下潜……

全体参试人员在各自的岗位上屏息凝神,全神贯注地根据指令操作着……

此刻,如果他的女儿燕妮能看见他,一定会惊叹,小时候她多次想象过,爸爸变成了一位骄傲的老船长,骑着一头巨大的蓝鲸,畅游在大海的童话里……竟然真的变成了现实!

看!所有的鱼群、珊瑚、海星和漂动的海草,都在为这位老船长跳舞……

实际上,当潜艇下潜到相当深度时,艇体钢板由于受到海水的巨大压力,不时发出恐怖的"咔咔"声,钢条都压弯了,令人毛骨悚然。到了中午12时,潜艇离极限深度越来越接近。大家的心都好像提到了嗓子眼一样,舱内的空气又变得凝固了。

这时候,黄旭华镇定自若,如炬的目光一遍遍扫过各种记录数据的仪表……

12时10分52秒,长征4号的深度计指针,清晰地指向了极限深度的数字,还略有超出……

所有人的呼吸好像瞬间停滞了……

"停!"随着一声清晰的指令,舱内凝固的空气被打破了。

几乎在同一个时刻,大家爆发出了欢呼声:成功了!我们成功了!

这一瞬间,黄旭华的眼睛湿润了!

透过泪眼,他再次看了一眼深度计指针所指向的那个数字。毫无疑问,长征4号已经成功下潜到了设计极限深度,全艇的机械设备也运转正常。这说明,攻击型核潜艇艇体结构设计与制造不负众望,是完全合格的;整个潜艇的通海系统也安全可靠,符合预期的战术需要。

长征4号下潜到极限深度处,黄旭华和几位负责技术与指挥的战友来不及拥抱祝贺,只是默默地相视一笑,然后和核潜艇一起,在这个极限深度继续停留观察……

这一段时间,对每个人来说,既是漫长的等待,又是无比甜蜜和幸福的等待。

时间在一秒、一秒地过去……

"好,现在开始上浮!""巨鲸"接到了指令,移动着硕大的身体,开始上浮了……

上浮至100米时,王守仁、黄旭华、吴庭国,还有核潜艇总体建造厂的副厂长王道桐,四个人照了一张珍贵的合影,作为纪念。

当时,长征4号上还临时创办了一份电讯式的"快报"。一位

负责编快报的艇员灵机一动,取来纸笔,请黄旭华写几个字留念。

黄旭华握着笔,略一思忖,即兴写下了意味深长的16个字:"花甲痴翁,志探龙宫;惊涛骇浪,乐在其中。"

写于100米海水深处的这16个字,今天已被人们赞颂为中国核潜艇发展史上的"壮丽诗篇"和"珍贵文献"。句子虽短,却字字千钧,抒发了中国第一代核潜艇人"不管风吹浪打,胜似闲庭信步"的理想壮志与报国豪情。

二十五 老船长的沉思

作为总设计师和试验指挥小组成员,黄旭华始终在水面舰艇上参与决策和指挥,也亲眼见证了整个试验的全过程。只有这样,他才算彻底放心。

1988年4月30日，新的一天伴随着海上辉煌的日出到来了，辽阔的南海海面上风平浪静……

当长征4号的艇身像巨鲸出水一样浮出海面，春日的阳光为平安归来的科学勇士们搭起了一座光明的"凯旋门"，只有在这时候，黄旭华才和艇上所有的人员一样，长长地舒了一口气。大家高兴得彼此拥抱、欢呼、互致祝贺，不少人都激动得流下了欢欣的泪水。

阳光下的海面上，配合潜艇参加试验的负责指挥、后勤保障、保卫和应急救援等任务的几十艘舰船，一同拉响了汽笛，向长征4号上的全体勇士致敬，响亮的汽笛声经久不息，回荡在辽阔的、碧波荡漾的海面，回荡在高远的蓝天……

黄旭华精神抖擞，站在长征4号宽阔的"鲸背"上，激动地向四周船舰上的战友们挥动着手臂。这一瞬间，被人抓拍、定格了下来，成为一张珍贵的纪念照片。

这一瞬间也意味着，他在世界核潜艇历史上创造了一项前所未有的纪录：作为核潜艇总设计师，随着自己设计的潜艇一起下潜到深海里完成极限深潜，他是世界第一人！

当夫人李世英在第一时间得知黄旭华和长征4号以及全体参试人员平安归来的消息，她那颗一直悬着的心终于放了下来！那一刻，她禁不住放声大哭，好像要把几个月来的惦念、揪心和压抑……全部释放出来。

但此时，还有两项试验任务正在等待着黄旭华。

1988年5月13日，长征4号水下全速航行试验圆满完成；5月25日，长征4号大深度发射鱼雷试验，也取得圆满成功。至此，深潜试验任务宣告全部圆满完成。

作为总设计师和试验指挥小组成员，黄旭华始终在水面舰艇上参与决策和指挥，也亲眼见证了整个试验的全过程。只有这样，他才算彻底放心。

多年之后，回忆起自己做出亲自随艇下潜这一决定时，黄旭华表示，这不是他一时冲动之举，也不是为了显示自己多么勇敢和不怕牺牲。

"在极限深度，一张普通扑克牌大小的钢板所承受的大约是1吨重物产生的压力，那么，100多米长的艇体，只要任何一块钢板有丝毫的不合格，比如，一条焊缝有问题，一个阀门封闭不足，都可能导致艇毁人亡。"他说。更何况，下潜到水下，还有一些未知的因素。人类对未知空间领域的任何探索与试验，从来就不存在百分之百的安全。黄旭华深知这一点。

当时他已经64岁，本来无须随艇下潜，上级也没有要求他一定要这样做。但是，经过深思熟虑后，他还是十分理智和坚定地做出了这样的抉择。

他的考虑主要有这样几点：一是他对自己呕心沥血设计和创造出来的"孩子"，不仅熟悉、疼爱，也充满了信心。意外的风险可能会有，所以他亲自深潜，想要获得第一手的试验数据资料。二是极限深度下潜试验之前的所有试验，没有出现比较大的事故，说明我们国家建造厂的每一个细节的建造质量都是稳妥可靠的，但这更要到实际深海中去接受考验；三是他随艇下潜，万一遇到突发问题，可以现场做出正确的分析、判断和处置方案。更重要的是，有他相伴，哪怕一句话不用说，也足以给所有人传递出无比坚定的信心，这比豪言壮语更具有说服力。

深潜试验任务圆满完成后，中国人民解放军海军深水试验办公室特意印制了一本试验纪念册，为这一历史性时刻留下了永久的纪念。纪念册的扉页上，用红色油墨印刷了一段"铭文"风格的文字：

我国自行研制的……核潜艇，经国务院、中央军委批准，由海军汇通船舶工业总公司、原核工业部等有关部门，于1988年4月至5月在南海海域成功地进行了极限深度下潜、水下全速航行和大深度发射鱼雷三项试验。核潜艇深水试验在我国尚属首次，得到了总参谋部、国防科工委、原国家机械委、广州军区、广东省人民政府的热情关怀和大力支持。

全体参试人员在试验领导小组的正确领导下,大力协同、顽强拼搏,圆满地完成了任务,为我国核潜艇事业的发展做出了重大的贡献。

核潜艇一系列深潜试验的顺利完成,标志着我国第一代攻击型核潜艇走完了研制的全过程,也完全具备了实战能力。在未来的日子里,作为大国重器之一,攻击型核潜艇将义不容辞地担当守卫和保护我们的海洋和国家领土安全的重任。

中华民族是一个热爱和平、与人为善、向往美好和幸福生活的民族,但是中华民族也是一个拥有尊严和自信,虽历尽苦难却百折不挠、坚忍不拔的伟大民族。一代代自强不息的中华优秀儿女,有力量、有智慧、也有信心,捍卫国家和民族的尊严、安全与领土完整。我们国家自行研制的各种大国重器的诞生,就是我们的智慧、力量和信心的最好印证。

在深潜试验任务完成后,好几个黄昏,黄旭华像是重新回到了在大海边的童年时代,又像回到了心灵故乡的一位老船长,独自坐在海边的岩石上,沐浴着晚风

和满天的星光,久久地凝望着远处的大海,凝望着海面上缓缓归来的帆影……

他的心里升起了一种特别温暖的感情。他知道,"祖国"不是一个抽象的概念,"祖国"就像自己的父亲、母亲一样,一直在他的身边,在他的心上,在他的灵魂最高的位置上,注视着他,期待着他,也关爱着他……

是啊,我们的祖国,有渤海的美丽与宁静,有黄海的雄浑与宽广,有东海的渔火与白帆,也有眼前这南海的碧波在轻轻荡漾。每一个中国人,怎能不爱祖国每一道长长的海岸线,怎能不爱祖国每一片蔚蓝色的海疆!

坐在海边的岩石上,黄旭华还想到,眼前的南海,是处在祖国最南边的一片蓝色的、流动的国土。在那云飞浪卷的海面上,我们美丽的西沙群岛,我们美丽的中沙群岛,我们美丽的南沙群岛,就像一串串晶莹的宝石和明珠,镶嵌在这片辽阔的国土上。一代代渔民,曾在那里停泊过小船,也曾在那里把回家的渔火点亮;曾在那里数过星星唱过歌谣,也曾在那里留下过笑声朗朗……

这个时刻,他也想到了自己的三个可爱的女儿,想到了像他女儿们一样美丽可爱的祖国的孩子们。

"孩子们啊,我要请你们相信,假如你是一艘出海远航的小船,祖国就是你们最平安的避风港;假如你是一只展翅高飞的海鸥,祖国就是供你们栖息的最坚实的臂膀。世界上还有什么东西，比这样伟大的祖国更值得我们拥有、更值得我们自豪和骄傲呢？"

望着星光下的大海，他仿佛在自言自语……不，他没有说出声来，只是在心里这样说、这样想。

正是为了守卫和保护我们如此美丽的祖国，他和许多科学家、设计专家、将军、工程师、建造者、海军官兵一起，在远离城市和人群的地方，设计、研制和试验着一件件秘密的大国重器。

大海的波涛永远不会停息。黄昏时分归来的帆影，明天清晨还会扬帆远航。他知道，此时此刻，一定还有新的使命、新的任务，正等待着他。

二十六 骑鲸蹈海

如果说，人生的大海上充满了波谷浪峰，那么，这段日子，黄旭华一直被托起在浪峰和浪尖上，正如张爱萍将军那句形象的题词——"骑鲸蹈海，激浪冲天。"

现在，人们只要一说到"黄旭华"这个名字，大都知道他是中国第一代攻击型核潜艇和弹道导弹核潜艇的总设计师，是新中国的核潜艇事业的奠基人和开拓者之一。

然而，很少有人知道，在研制完成攻击型核潜艇和弹道导弹核潜艇之后，黄旭华还多次参与并指挥了潜地弹道导弹发射试验。

原来，完整的核潜艇工程，是由"三驾马车"组成的。简单来说，一是"堆"，即核潜艇使用的核反应堆；二是"艇"，即核潜艇总体；三是"弹"，即潜地弹道导弹。

没有"堆"和"弹"，核潜艇不仅无法航行，也像巨鲨没有了"牙齿"。所以，"三驾马车"缺一不可。

按照中央的指示，我国的潜地弹道导弹发射试验，是分三次进行的，这三次秘密的试验任务，黄旭华都参与了。执行第一次发射试验任务时，黄旭华和黄纬禄同为副总指挥。当时，张爱萍将军为执行任务的全体参试人员题词壮行：骑鲸蹈海，激浪冲天。

这次试验任务的首次发射失败了。在找出了具体原因之后，1982年10月12日，我国发射了第二枚自行研制的巨浪1号潜地弹道导弹。导弹完成了预设的各个阶段飞行之后，精准地落入预定海域，命中了目标，试验取得了圆满成功。

在这次任务之后，黄旭华又参与并协助指挥了后两次发射试验任务。1988年9月第三次发射试验任务圆满完成，这标志着我国已经当之无愧地成为继美国、苏联、法国、英国之后,第五个拥有核潜艇水下发射运载火箭能力的国家,我们的海军也拥有了捍卫和平、保护国家安全与领土完整的又一件国防利器。

潜地弹道导弹是核潜艇核威慑力和战斗力的具体体现。至此,核潜艇工程的"堆""艇""弹"全部齐备,"三驾马车"圆满完成。

蛟龙入海,乘风破浪;扬我国威,守我家邦。正如《我的祖国》那首歌里唱的:"朋友来了有好酒,若是那强盗来了,迎接它的有猎枪……"这"猎枪",是我们的攻击型核潜艇、弹道导弹核潜艇,也是我们的巨浪1号潜地弹道导弹!

后来,黄旭华回忆起1987年、1988年这不平凡的两年,满怀感慨地说:这两年是他一生中最忙碌的日子,需要在渤海和南海来回奔波,攻击型核潜艇的深潜试验、弹道导弹核潜艇的导弹发射试验,还有在北海协助指挥潜地弹道导弹发射试验任务……都是在这些日子里完成的。

如果说,人生的大海上充满了波谷浪峰,那么,这段日子,黄旭华一直被托起在浪峰和浪尖上,正如张爱萍将军那句形象的题词——"骑鲸蹈海,激浪冲天。"

1986年,黄旭华62岁。自从1956年回过一次家乡,屈指算来,黄旭华从老家的亲人面前已经神秘"失踪"了三十年!

在这期间,一生最疼爱、最牵挂他这个儿子的父亲去世,他

都没能回家和父亲见上最后一面。

有一年,他突然又接到了二哥病危的电报,希望他无论如何能赶回去见一面。可是当时他正在夜以继日地赶写实弹发射的试验大纲,无论是在时间上、还是保密纪律要求,他都无法回家。黄旭华深知,二哥无微不至地疼爱和照顾他这个三弟,是他此生最应该感恩和报答的一位兄长……收到二哥病危的电报后,夫人李世英叮嘱他说:"父亲走时你没有回去,现在你再不回去跟二哥见上一面,不仅家里人不会原谅你,你自己也会愧悔一辈子的!"

但是,为了手上的工作,为了国家的事业,黄旭华紧紧地攥着老家来的电报,只能在心里默默地、痛苦地说道:"二哥,三弟对不起你啊……"

就这样,父亲去世,二哥去世,他都没能回去送别。这是他心中永远的痛,一生也无法弥补。

1986年11月,因为潜地弹道导弹发射任务的需要,黄旭华出差到深圳大亚湾核电站。这里离他的老家很近,正好准备工作也比较顺利,中间还有一点时间,黄旭华很想就近回老家一趟,看看自己的老母亲。屈指一算,这一年老母亲已是93岁高龄了!

黄旭华把自己的想法向上级请示后,得到了批准。11月底,他在睽违了家乡和亲人三十年后,重新出现在老母亲和弟弟妹妹们面前。因为年事已高,加上三十年来对儿子的思念和牵挂,老母亲的眼泪早已默默地流干了,眼睛也昏花得厉害。母子相见的那一刻,母亲几乎不能辨认出三儿旭华的模样了!

老母亲把年老的儿子紧紧地、久久地拥抱在怀中,就像她拥抱儿时的小旭华一样。在母亲的怀抱里,黄旭华感到了无限的疼爱和温暖,也感受到了来自母亲默默无声的理解和信任。

这次回家乡,黄旭华在母亲身边待了三天。无论是母亲还是他自己,都觉得这是极其宝贵和"奢侈"的三天!

母亲好像用她93岁的年纪宣告了自己的"胜利":她终于在有生之年盼回了自己的儿子。黄旭华的弟弟妹妹们也都从不同的地方赶了回来和三哥团聚。

老母亲兴致很高,还拉着旭华去游览了肇庆的风景名胜七星岩。一路上,母亲不停地给黄旭华讲述他小时候的事情。这些事情,黄旭华有的还依稀记得,有的已经完全不记得了。但是每一件事、每一个细节,老母亲却记得清清楚楚。

母亲当然也很想知道,这么多年来,儿子到底在外面做什么?旭华的兄弟和妹妹,每个人都让母亲欣慰和放心,他们都在不同的岗位上为国家效力,工作都很出色,就是不知道老三旭华的工作干得怎么样。

但是因为有保密纪律,黄旭华没法具体回答母亲和弟弟妹妹们的询问。一说到工作的话题,他就赶忙支支吾吾地岔开了。

　　母亲不知道，这时的黄旭华，已经是一位国家功臣、一位科学英雄了。但母亲深明大义，她相信，她和一生爱国爱家的丈夫生养和教育出来的孩子们，个个都不会给父母丢脸，个个都是好样儿的！旭华也不会例外。所以，见旭华一直没有具体回答她的询问，母亲就不再问下去了。她相信旭华不仅是她的儿子，也是国家的人，是祖国的儿子。

　　三天的相聚，在不知不觉中就过去了。临别时，老母亲唱了一首优美的《再相会》，把满腔的母爱，融在了深情的歌声里，好让它永远地伴随在儿子身边⋯⋯

　　带着老母亲的爱与祝福，带着亲人们的嘱咐和信任，黄旭华别过母亲和家乡，朝着祖国召唤他的地方，朝着明天的路途，继续坚定地走去⋯⋯

　　茫茫夜空中，有一颗明亮的恒星，名为"天狼星"。在中国古老的星象学里，天狼星属于二十八宿中的"井宿"，是一颗"主侵掠之兆"的"恶星"。我们的祖先，曾经把船尾星座、大犬星座连在一起，想象成一张横跨在天际的大弓，而大弓上的箭，正对着那颗仿佛蠢蠢欲动的天狼星。宋代文学家、诗人苏轼《江城子·密州出猎》里的名句"会挽雕弓如满月，西北望，射天狼"，表达的就是这个意思。

正是在这颗"主侵掠之兆"的"恶星"之下，中华民族千百年来居安思危、枕戈待旦，虽然饱受过挫折和屈辱，却又自强不息，一次次浴火重生。中华民族从来就是一个与人为善、热爱和平与幸福的民族，但是，来之不易的和平与幸福，需要一代代人付出智慧、力量，乃至鲜血和生命来保护。蠢蠢欲动的天狼星，永远不会消失。即使到了今天，战争也并非完全离我们远去。我们的国歌《义勇军进行曲》中所唱的"中华民族到了最危险的时候"，永远不会过时，时刻警醒着我们一代代中华儿女。

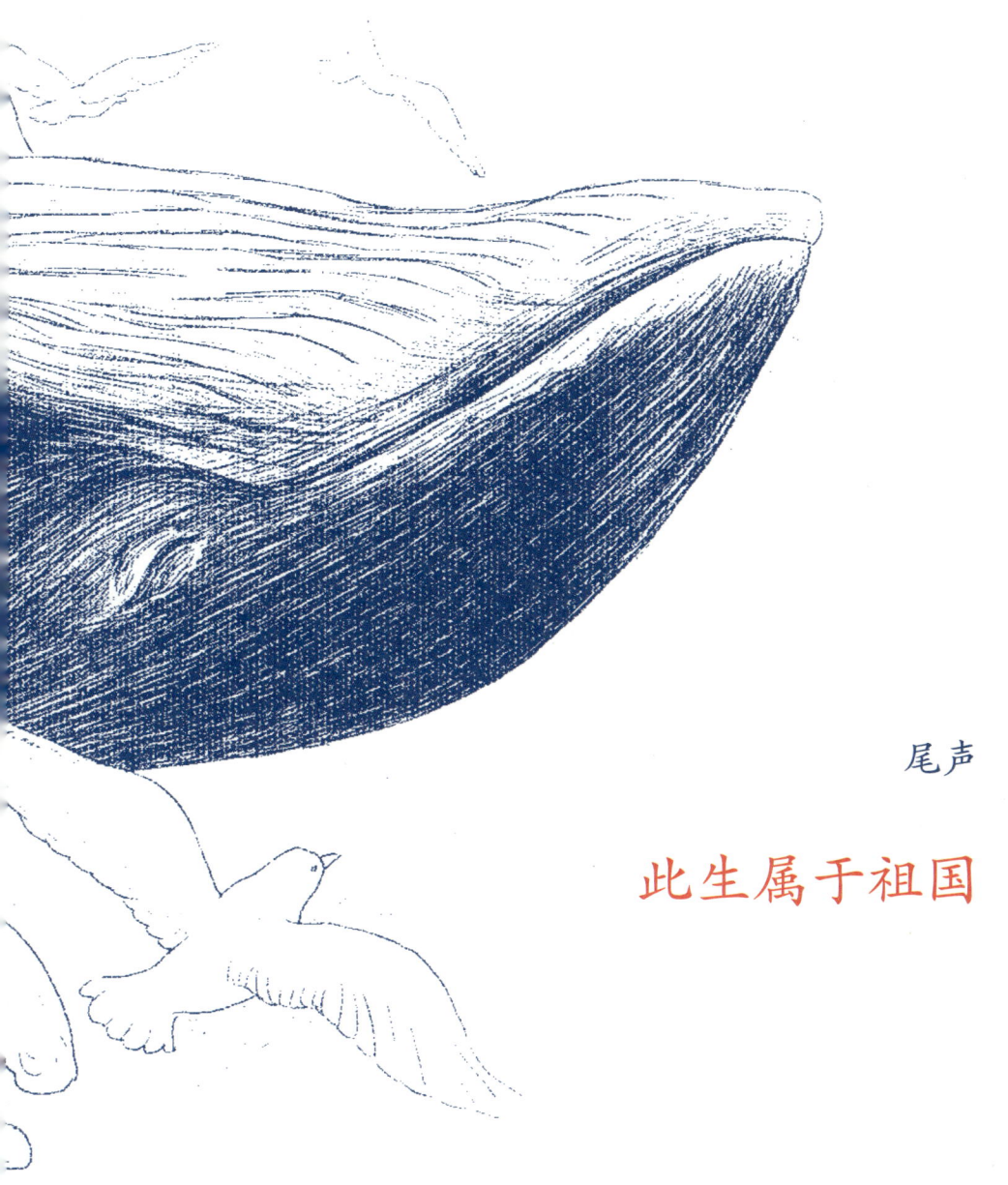

尾声

此生属于祖国

在领奖台上,黄旭华发表的获奖感言很短,但是句句掷地有声:"现在在我子孙面前,我很自豪、很骄傲!因为我这一生没有虚度。此生属于祖国,属于核潜艇,我无怨无悔。"

　　1987年6月,上海出版的《文汇月刊》杂志头条位置上,刊发了一篇报告文学《赫赫而无名的人生》。

　　作者在开篇就说到,这篇作品里的主人公,当然有个名字,但是如果作者不把他的名字隐去,他就不会接受作者的采访。作品里还披露说:"他从事的工程,荣获国家颁发的科学进步特等奖。他本人有一单项获国家科学大会奖,他还是船舶总公司的劳模。你注意到了没有?报纸发表时,其他劳模都有照片,唯独他没有。他的影像保密,可看而不可拍照,就像珍贵文物一样,挂有'请勿拍照'的牌子。"当完全隐去主人公的名字和影像后,作者才开始讲述主人公的故事,讲出了"我国已研制成功了尖端的弹道导弹核潜艇"这个石破天惊的故事……

　　中国核潜艇研制的故事大概是第一次以这么长的文字篇幅,出现在世人面前。

　　这篇报告文学,按照故事的主人公和有关部门的要求,进行了适当的"脱密"处理。一般读者读来,当然无从知晓主人公姓甚名谁。

　　黄旭华把这期杂志寄给了远在家乡的母亲。

　　杂志上的字号较小,年过九旬的老母亲戴着老花镜,一字一句地读完了全篇,然后又让身边的孙辈们读了一遍。因为文中出现了"海丰县"和"田墘镇"的地名,又出现了"世英"这个名字,所以，老母亲和孩子们一下子就明白了，故事里的"他"就是黄旭华。黄旭华从母亲和亲人们身边"失踪"了三十多年，原来一直在为国家干一件惊天动地的大事！

"旭华一直是有家也不能回，什么也不肯说，原来他有自己的苦衷啊！"老母亲把这篇文章看了一遍又一遍，老泪纵横，喃喃地对孩子们说道，"你们都要理解三哥呀！他这样做是对的，是对的……"

黄旭华的大妹妹后来回忆说："那个夏天，母亲一而再，再而三地阅读这篇文章，每读一次都会泪流不止。母亲心疼三哥这些年来默默忍受的委屈。三哥偶尔会写一封家书回来，但是从来不做任何解释。母亲在心痛之余也为三哥自豪。她把我们召集过来，再三嘱咐说，三哥的事情（指的是父亲、二哥临终时，三哥没有回来的事情），大家要理解，要谅解。"当黄旭华听到妹妹的这番讲述时，禁不住泪流满面。

"知儿莫若母，母亲这句话传到我的耳朵里，我哭了。有人问我，'忠孝不能双全'，你是怎样理解的？我说，对国家的'忠'，就是对父母最大的'孝'。我相信，无论是我的父亲、我的母亲，还是我的兄长们，都是经历过'救亡图存'的家国之痛的，他们不仅能够理解，也会深深认同我的人生选择。"

2016年，黄旭华应央视《开讲啦》节目邀请，做了一期题为

《此生无悔》的演讲。在演讲中,黄旭华不仅深情回顾了自己在"隐姓埋名"的三十年间,父母、亲人、妻子、女儿对他所从事的"国家使命"的默默支持,同时也袒露了他们这代科学家炽热的家国情怀。他说:"我非常爱我的夫人,爱我的女儿,爱我的父母。但是,我更爱国家,更爱事业,更爱核潜艇。在核潜艇这个事业上,我可以牺牲一切!"

在节目最后,他又说道:"我们核潜艇战线广大员工,呕心沥血、淡泊名利、隐姓埋名,他们奉献了一生最宝贵的年华,还奉献了终生。如果你们要问他们这一生有何感想,他们会自豪地说:这一生没有虚度。再问他们对此生有何评述,那他们会说:自己是中华民族的儿女,此生属于祖国,此生属于事业,此生属于核潜艇,此生无怨无悔!"

进入20世纪90年代,中国第一代核潜艇及其武备系统,已经全部定型。作为这一代攻击型核潜艇和弹道导弹核潜艇研制的总设计师和创始人,黄旭华和他这一代科研同事们,大都年事已高,不再承担新一代核潜艇研制的具体工作了。

但是,正如黄旭华喜欢的一首歌里所唱的那样:"革命人永远是年轻,他好比大松树冬夏常青。他不怕风吹雨打,他不怕天寒地冻,他不摇也不动,永远挺立在山顶……""退居二线"之后,黄旭华仍然没有闲着,继续发光发热,为国家的国防科学事业和科技进步，也为我国核潜艇的升级和优化献计献策，不遗余力贡献着自己全部的心血、智慧和力量。

进入老年的黄旭华，手上的事情仍然是一件接着一件。

从 1989 年开始，由国防科工委组织、核潜艇总体研究设计所主持，着手整理和编写一部内容翔实的《核潜艇史料集》。黄旭华亲自参加了这部史料集的初稿、二稿和三稿的编写、审定和最终的定稿。毫无疑问，这是一部凝聚着中国第一代核潜艇人的智慧、心血、精神以及总结出来的全部技术经验的"宝书"。但因为书中的内容需要高度保密，一般人无从见到这部史料集的真面目。

进入 21 世纪后，黄旭华等老一辈的核潜艇人都殷切希望，中国核潜艇战线的后来者们，能够发扬第一代核潜艇人的那种"此生属于祖国，此生属于核潜艇，此生无怨无悔"的伟大精神。人们把这种精神称为"核潜艇精神"。黄旭华作为领导者、参与者、见证者，亲自把这种特定的"核潜艇精神"精准而又简洁地归纳为 16 个字："自力更生，艰苦奋斗，大力协同，无私奉献。"大家公认，这是老一辈核潜艇人留给后来者、留给祖国一代代子孙的一笔宝贵的精神财富。

2014 年 2 月 10 日，全国亿万观众瞩目的"感动中国"2013 年度人物颁奖盛典，在中央电视台演播大厅举行。90 岁的黄旭华，由两名手捧鲜花的少先队员陪伴着，缓缓走到了舞台中央……

　　当时,"感动中国"推选委员、著名剧作家阎肃,为黄旭华院士献上了这样的礼赞:"试问大海碧波,何谓以身许国?青丝化作白发,依旧铁马冰河。磊落平生无限爱,尽付无言高歌。"

　　而"感动中国"组委会献给黄旭华院士的颁奖词,生动地描述了黄旭华终生不渝的追寻和无怨无悔的奉献,让无数观众感动得热泪盈眶:"时代到处是惊涛骇浪,你埋下头,甘心做沉默的砥柱;一穷二白的年代,你挺起胸,成为国家最大的财富。三十载赫赫而无名,花甲年不弃使命,你的人生正如深海中的潜艇,无声,但有无穷的力量。"

　　在领奖台上,黄旭华发表的获奖感言很短,但是句句掷地有声:"现在在我子孙面前,我很自豪、很骄傲!因为我这一生没有虚度。此生属于祖国,属于核潜艇,我无怨无悔。"

　　五年后,2019年9月29日,在庆祝中华人民共和国成立七十周年前夕,中共中央总书记、中华人民共和国主席、中央军委主席习近平同志,亲手把一枚金光闪闪的"共和国勋章"佩戴在黄旭华胸前。

　　这是党、国家和人民对这位"隐姓埋名"三十年的我国第一代攻击型核潜艇和弹道导弹核潜艇总设计师,在惊涛骇浪中建立的伟大功勋的感谢和致敬。

　　"从一开始参与研制核潜艇,我就知道这将是一辈子的事业!"

获得"共和国勋章"之后,黄旭华在回答新华社、《中船重工》记者访谈时这样说道:"千千万万名和我一样满腔热血、矢志报国的科研人员投身到核潜艇事业中。我有幸全程参与了中国核潜艇从无到有、从弱到强的伟大事业,誓干惊天动地事,甘做隐姓埋名人。核潜艇事业是国防事业发展的缩影,我国实现了从站起来、富起来到强起来的飞跃,这个飞跃是非常感人的。我和无数军工战线上的人一样,为祖国取得的历史性成就、实现的历史性变革而骄傲,也为自己是一名国防建设的老兵而自豪。我和我的同事们,此生属于祖国,此生无怨无悔……我是集体当中的一分子,我多么希望,通过我和同事们的故事,把核潜艇人的精神传递下去,让更多年轻的科研工作者学习和继承当年第一代核潜艇人艰苦奋斗、毕生奉献的精神。现在,我就是'啦啦队'的队长,给大家鼓劲……"

是呀,这时候,这位满头华发的"老船长",虽然离开了他一生所热爱的大海,走上了陆地,但他对大海依然那样一往情深。只要一有机会,他仍然喜欢独自坐在岩石上,让海风吹着他的白发,听海浪拍打着礁石的声音,还有船只驶向远方或缓缓归航时发出的汽笛声……

他坐在海边的岩石上,面向大海,敞开衣襟,就像敞开了自己的心胸。这情景,让我想到了一位老诗人写的一首献给老船长的诗:

老水手坐在岩石上

敞开衣襟，像敞开他的心

面向大海

他的银发在海风中飘动

他呼吸着海的气息

他倾听着海的涛声

他凝望：

无际的远天

灿烂的晚霞

点点的帆影

飞翔的海燕……

他的昏花的眼中

渐渐浮闪着泪光

他低声地唱起了

一支古老的水手的歌

"……海风使我心伤

波涛使我愁

看晚星引来乡梦上心头……"

……

他怀念大海,向往大海:

风暴,巨浪,暗礁,漩涡

和死亡搏斗而战胜死亡……

壮丽的日出日落

黑暗中灯塔的光芒

新的港口和新的梦想……

啊,闪光的青春

无畏的斗争

生死同心的伙伴

梦境似的大海

"……看晚星引来乡梦上心头"

像老战马悲壮地长啸着

怀念旧战场

老水手在歌声中

怀念他真正的故乡……

此生属于祖国，属于核潜艇，我无怨无悔。

——黄旭华

图书在版编目（CIP）数据

此生属于祖国 功勋科学家黄旭华的故事 / 徐鲁著. — 武汉：长江少年儿童出版社，2021.5
ISBN 978-7-5721-1574-5

Ⅰ.①此… Ⅱ.①徐… Ⅲ.①黄旭华—传记 Ⅳ.①K826.16

中国版本图书馆 CIP 数据核字 (2021) 第 050333 号

CI SHENG SHUYU ZUGUO
GONGXUN KEXUEJIA HUANG XUHUA DE GUSHI

此生属于祖国 功勋科学家黄旭华的故事

作　　者	徐　鲁
封面题字	黄旭华
选题策划	何　龙　何少华
执行策划	梁　崴
责任编辑	梁　崴　董　玥　程　亮
整体设计	朱赢椿　杨杰芳
封面绘画	魏　皓
内文插画	魏　皓　胡　颖　赵欣舒　孙闻涛
排版制作	徐　晟　董　曼
责任校对	莫大伟
督　　印	邱　刚

出版发行	长江少年儿童出版社
经　　销	新华书店湖北发行所
印　　刷	武汉新鸿业印务有限公司
开　　本	720mm×970mm　1/16
印　　张	16
字　　数	145 千字
版　　次	2021 年 5 月第 1 版　2024 年 7 月第 5 次印刷
书　　号	ISBN 978-7-5721-1574-5
定　　价	39.80 元

本书如有印装质量问题，可向承印厂调换